Im Namen der Republik

VENTE
ETUDE
JUGEMEN
JUGE

Gabriele Hasmann

Im Namen der Republik

Richter und Staatsanwälte erzählen

Molden

Danksagung

Meinen Interviewpartnern und -partnerinnen
für ihre Unterstützung

Mag. Katharina Grossbauer und Mag. Gerhard Angeler
für die Kontakte

Stefanie Hock für ihre Hilfe bei der Durchführung
einiger Interviews

Richter Dr. Walter Eichinger für das Fachlektorat

Richter Mag. Rainer Lipowec für seine Ideen und Tipps

StA Mag. Volkert Sackmann für die Beantwortung
meiner allgemeinen Fragen

Mag. Katharina Swoboda (Pressesprecherin des BMJ)

Impressum

ISBN: 978-3-85485-243-8

www.ichlese.at

Umschlag- und Buchgestaltung: Bruno Wegscheider
Umschlagfoto: Roland Schlager / APA / picturedesk.com
Herstellung und Lektorat: Marion Mauthe
Reproduktion: Pixelstorm, Wien
Druck und Bindung: CPI BOOKS GmbH, Pohořelice

INHALT

„In einem Staat, das heißt in einer Gesellschaft,
in der es Gesetze gibt, kann Freiheit nur darin bestehen,
das tun zu können, was man wollen darf.
Freiheit ist das Recht, alles zu tun, was die Gesetze
erlauben."

„Vom Geist der Gesetze", XI, 3,
Charles de Secondat, Baron de Montesquieu
(französischer Schriftsteller und Staatstheoretiker,
1689–1755)

VORWORT

Sei es der Fall Kampusch, die Causa Hypo Alpe Adria oder Aufsehen erregende Prozesse wie jener des Josef F.: Die Aufmerksamkeit, die der Justiz in der Öffentlichkeit zukommt, bleibt ungebrochen. Wenn dann noch bei einem geplanten Attentat auf eine Richterin in Hollabrunn eine Rechtspflegerin getötet wird, stellt sich unmissverständlich die Frage, wie es um den Alltag dieser Staatsdiener bestellt ist. Ist man als Richter oder Staatsanwalt in seiner Sicherheit gefährdet? Was macht ein Richter, wenn er nicht in einer Verhandlung sitzt? Wie viel Arbeit steckt tatsächlich im Aktenstudium?
Immer wieder wird über mangelnde Aufklärung seitens der Justiz Beschwerde geführt, andererseits „klagen" die Richter und Staatsanwälte selbst: So beispielsweise über die mangelnde Sicherheit in den Amtsgebäuden, weil das Geld für entsprechende Maßnahmen, wie sie an Landesgerichten üblich sind, an den Bezirksgerichten fehlt; oder über ihre Arbeitsüberlastung, was im Fall der Kärntner Hypobank mit bayrischen Miteigentümern ersichtlich wird. Denn in Deutschland arbeiten sieben Staatsanwälte an der Causa, während sich in Österreich ein Einziger mit den Details der dubiosen Bankgeschäfte beschäftigt.
Finanzminister Josef Pröll kündigte zwar die Freigabe von 1,5 Millionen Euro für weitere 35 Staatsanwaltsposten an, doch damit sind laut Justizministerin Claudia Bandion-Ortner noch lange nicht alle Personalnöte der Justiz erle-

digt: Laut Berechnungen fehlen in Österreich insgesamt 230 Richter und Staatsanwälte. Auch werden immer wieder Stimmen laut, die von Korruption, Bestechung und vom „Wegschauen“ (Fall Meinl) reden. Das Rampenlicht, das auf diese Personen gerichtet ist, blendet jedenfalls grell.
Als die Idee seitens des Verlags an mich herangetragen wurde, mich mit dem Alltag in den Justizbehörden zu befassen, war ich gespannt, ob trotz Medienrummel und Personalmangel die Herren und Damen im Talar Zeit für mich hätten, und ich machte mich mit Neugier und Respekt an die Arbeit. Ich lernte die Jus-Studentin Stefanie Hock kennen, die mir ihre Hilfe anbot, und schon bald hetzten wir gemeinsam von einem Termin zum anderen.
Die Materie wurde von Gespräch zu Gespräch spannender, wobei die Staatsanwälte ein wenig auf sich warten ließen, da für ihre „Aussage“ die Erlaubnis des Bundesministeriums für Justiz erforderlich war (nicht so bei den Richtern).
Leider ist es mir nicht gelungen, gleich viele Frauen wie Männer „vorzuladen“, die Herren hatten deutlich mehr Interesse daran, mir einen kleinen Teil ihrer Zeit zu opfern.
Doch zusammenfassend lautet mein „Urteil“, dass alle meine Gesprächspartner äußerst hilfsbereit und sympathisch gewesen sind und mir zu beruflichen wie privaten Fragen auskunftsfreudig Rede und Antwort standen.
Zu den einzelnen Interviews sei angemerkt, dass ich die betreffenden Personen bewusst größtenteils wörtlich zitiere, um Authentizität zu gewährleisten. Selbiges gilt für die unterschiedliche Länge der Texte, da manch einer mehr, der andere wieder weniger zu sagen hatte oder preisgeben

wollte. Es wiederholen sich auch teilweise Fragen und Antworten – daran habe ich ebenfalls nichts verändert, um die Unterschiede in Einstellung und Meinung der Befragten herauszuarbeiten und die Ähnlichkeiten zu verdeutlichen. Letztendlich erkennt man unter jedem Talar große Individualisten, die sich im Zugang zu ihrem Beruf und im Umgang mit ihrer Berufung dennoch wieder sehr ähnlich sind. Abschließend wünsche ich meinen Lesern viel Freude beim Blick hinter die Kulissen der österreichischen Justiz.

Wien, im Dezember 2009
Gabriele Hasmann

ABKÜRZUNGEN

BG	Bezirksgericht
LG	Landesgericht
OLG	Oberlandesgericht
OGH	Oberster Gerichtshof
ASG	Arbeits- und Sozialgericht
StA/StAin	Staatsanwalt, -schaft/Staatsanwältin
OStA/OStAin	Oberstaatsanwalt, -schaft/ Oberstaatsanwältin
EOStA/EOStAin	Erster Oberstaatsanwalt/ Erste Oberstaatsanwältin
KStA/KStAin	Korruptionsstaatsanwalt, -schaft/ Korruptionsstaatsanwältin
GP	Generalprokuratur
BMJ	Bundesministerium für Justiz
StPO	Strafprozessordnung
StGB	Strafgesetzbuch

Bild nächste Seite:
Honoré Daumier: Auf- und Abstieg der Gerechtigkeit

1090

Die Österreichische Gerichtsbarkeit

In Österreich besteht das System der Gewaltenteilung. Unterschieden wird dabei zwischen Legislative (Gesetzgebung durch den Nationalrat, den Bundesrat oder durch die Landtage), Exekutive (Vollziehung der beschlossenen Gesetze durch Bundesregierung und Verwaltung) und Judikative (Rechtsprechung durch die Gerichte und unabhängige Richter).

Das österreichische Recht gliedert sich im Wesentlichen in drei Hauptbereiche:

DAS ZIVIL- ODER PRIVATRECHT

Umfasst werden hier Lebenssachverhalte, bei denen sich zwei gleichberechtigte Parteien gegenüberstehen.

DAS STRAFRECHT

Strafrechtliche Bestimmungen dienen insbesondere dem Interesse der Allgemeinheit und sollen die öffentliche Ruhe und Ordnung aufrechterhalten. Als mit Hoheitsgewalt ausgestattetes Organ des Staates tritt hier der Staatsanwalt auf, der als Ankläger den Beschuldigten einer gerichtlichen Verfolgung zuführen kann.
Eine Sonderstellung nimmt hier das sogenannte Verwaltungsstrafrecht (wie das Verkehrsstrafrecht) ein.

DAS VERWALTUNGSRECHT

Im Unterschied zum Zivil- und Strafrecht, das von den Gerichten vollzogen wird, stellt die Verwaltung („Exekutive") ein eigenständiges Rechtsgebiet dar, das durch weisungsgebundene Organe (Berufsbeamte, Vertragsbedienstete) vollzogen wird. Hierzu zählen beispielsweise das Tierschutzrecht, Sportwetten und Glücksspiel, Führerscheinentzug etc. Oberstes Verwaltungsorgan ist der (weisungsfreie) jeweilige Minister.

Die Gerichte – Organisation und Instanzenzug

Der Gerichtsträger aller Gerichte in Österreich ist der Bund, weswegen alle Urteile „Im Namen der Republik" verkündet werden.
Jeder österreichische Bürger hat Anspruch darauf, dass seine Sache in billiger Weise öffentlich und innerhalb einer angemessenen Frist gehört wird.
Bevor der Richter ein Urteil fällt, muss er in einem gerichtlichen Verfahren den Sachverhalt erheben, das heißt, er muss feststellen, was geschehen ist. Weitere Beendigungsmöglichkeiten eines Prozesses sind die Klagerücknahme, die Erklärung, dass das Verfahren in der Hauptsache erledigt ist (mit nachfolgender Kostenfestsetzung) oder der Vergleich.

Näheres dazu unter:
www.richtervereinigung.at ➤ Justiz ➤ Verfahren

Entscheidungen von Gerichten können mit Rechtsmitteln (z.B. Berufung, Rekurs, Beschwerde) angefochten werden. Grundsätzlich entscheidet über Rechtsmittel das im Instanzenzug übergeordnete Gericht.
In Zivilsachen kann der Instanzenzug dreistufig sein, in Strafsachen ist grundsätzlich nur ein zweistufiger Instanzenzug eingerichtet.

Näheres dazu unter:
www.bmj.gv.at ➤ Justiz ➤ Die Gerichte ➤ Instanzen

Die ordentlichen Gerichte Österreichs, zuständig für Zivilrechtsstreitigkeiten und Strafsachen (die nicht in einem Verwaltungsverfahren behandelt werden), sind in vier Stufen organisiert:

BEZIRKSGERICHT (BG)

Seit Anfang 2007 bestehen in Österreich 192 Bezirksgerichte (einschließlich BG für Handelssachen Wien). Sie sind Zivil- und Strafgerichte erster Instanz, geurteilt wird hier von einem Einzelrichter.

Diese Gerichte sind zuständig

- für Entscheidung aller Rechtssachen mit einem Streitwert bis derzeit 10.000 Euro sowie, unabhängig vom Streitwert, für bestimmte Rechtsangelegenheiten (insbesondere familien- und mietrechtliche Streitigkeiten);
- von Ausnahmen abgesehen im Strafrechtsbereich zur Entscheidung über alle Vergehen, für die nur eine Geldstrafe

oder eine Freiheitsstrafe angedroht ist, deren Höchstmaß ein Jahr nicht übersteigt (wie fahrlässige Körperverletzung, einfacher Diebstahl);

• für Exekutionsverfahren, sowie für Außerstreitverfahren (zum Beispiel einvernehmliche Scheidung, Unterhalt Minderjähriger, Sachwalterschaft)

LANDESGERICHT (LG)

Die 21 österreichischen Gerichtshöfe (einschließlich Handelsgericht Wien, Arbeits- und Sozialgericht Wien und Jugendgerichtshof Wien) sind für alle nicht den Bezirksgerichten zugewiesenen Fälle zur Entscheidung in erster Instanz zuständig, also

• für Zivilverfahren – ein Einzelrichter befindet über Klagen ab derzeit 10.000 Euro und über bestimmte Sonderfälle;

• für Strafverfahren – hier entscheidet, von Ausnahmen abgesehen, ein Einzelrichter über Delikte, die mit mehr als einem Jahr Freiheitsstrafe bedroht und nicht den Schöffen- oder Geschworenengerichten zugewiesen sind. Das Schöffengericht (ein Berufsrichter, zwei Laienrichter) urteilt über Verbrechen, die mit mehr als fünf Jahren Freiheitsstrafe bedroht sind. Schwere Delikte wie Mord, Geiselnahme, Landesverrat usw. sind einem Geschworenengericht (drei Berufsrichtern, acht Geschworenen) vorbehalten;

• für Insolvenzverfahren (Konkurs, Ausgleich);

• für die Führung des Firmenbuchs (ehem. Handelsregister);

• für die Tätigkeit als Arbeits- und Sozialgericht (ein Berufsrichter, zwei Laienrichter).

Das LG ist Arbeitsplatz der Haft- und Rechtschutzrichter, die im Ermittlungsverfahren Zwangsmittel (wie Zwangsgeld oder -haft) bewilligen und gegebenenfalls die Untersuchungshaft verhängen.

OBERLANDESGERICHT (OLG)

Auf der dritten Organisationsebene sind die vier Oberlandesgerichte eingerichtet. Sie befinden sich in Wien (für Wien, Niederösterreich und Burgenland), Graz (für Steiermark und Kärnten), Linz (für Oberösterreich und Salzburg) sowie in Innsbruck (für Tirol und Vorarlberg). Diese Gerichtshöfe zweiter Instanz entscheiden sowohl in Zivil- als auch in Strafsachen stets als Rechtsmittelgerichte. Daneben kommt ihnen besondere Bedeutung in der Justizverwaltung zu: Der Präsident des OLG ist Leiter der Justizverwaltung aller in seinem Sprengel gelegenen Gerichte und untersteht in dieser Funktion nur noch direkt dem Bundesministerium für Justiz (BMJ).
In jedem OLG ist eine Vollzugskammer eingerichtet, im Wiener OLG existieren zwei davon. Diese sind die zweite Beschwerdeinstanz für Strafgefangene.

OBERSTER GERICHTSHOF (OGH)

Oberste Instanz in Zivil- und Strafsachen ist der Oberste Gerichtshof in Wien. Er wird – neben dem Verfassungs- und Verwaltungsgerichtshof – als „Höchstgericht“ bezeichnet, was bedeutet, dass gegen seine Entscheidungen kein weiterer (innerstaatlicher) Rechtszug mehr möglich ist. Durch seine Rechtsprechung trägt der OGH maßgeblich zur Wahrung der Rechtseinheit im gesamten Bundesgebiet bei.

Die Richterschaft

Richter sind die unabhängigen, unversetzbaren und unabsetzbaren Staatsorgane, womit man die Unparteilichkeit bei der Ausübung dieses Amtes gewährleisten will. Befangene Entscheidungsorgane können jederzeit abgelehnt werden. Kein Richter unterliegt den Weisungen dritter Personen und ist grundsätzlich nicht an die veröffentlichten Rechtsansichten höherer Gerichte gebunden. Er wird sich jedoch in der Regel danach orientieren, damit sein Urteil auch vor der Rechtsmittelinstanz Bestand hat. Wenn ein Urteil von einem höheren Gericht aufgehoben wurde, hat jedoch das Gericht, an welches die Strafsache zur neuerlichen Verhandlung zurückverwiesen wird, der in der Aufhebung zum Ausdruck gebrachten Rechtsansicht des übergeordneten Gerichts zu entsprechen, soweit die Sachlage gleich geblieben ist.

Es gibt:

- *Berufsrichter* (Voraussetzung ist ein Diplomstudium der Rechtswissenschaften), die in einem ständigen Dienstverhältnis zum Staat stehen.
- *Laienrichter,* die vor allem in Handels- und Arbeits- bzw. Sozialrechtssachen, allerdings immer nur gemeinsam mit Berufsrichtern, auftreten. Sie sind aufgrund ihrer besonde-

ren Kenntnisse (juristische Ausbildung nicht erforderlich) an Gerichtsverfahren beteiligt und außerdem ein Bestandteil des Schöffen- oder Geschworenengerichts.

• Das *Schöffengericht,* das aus einem Berufs- und zwei Laienrichtern (= Schöffen) besteht. Es entscheidet in erster Instanz über einzelne in der StPO (Strafprozessordnung) angeführten Delikte und jene, die mit mehr als fünf Jahren Freiheitsstrafe bedroht und nicht dem Geschworenengericht zugewiesen sind. Das Urteil richtet sich nach der Stimmenmehrheit, wobei gegen die Stimme des Vorsitzenden die Schuldfrage nicht bejaht und keine für den Angeklagten nachteiligere Beurteilung der Schuld vorgenommen werden kann.

• Das *Geschworenengericht,* das über alle Verbrechen und politischen Delikte entscheidet, die mit lebenslanger Freiheitsstrafe beziehungsweise mit einem Strafrahmen von mehr als fünf Jahren bis über zehn Jahren bedroht sind. Das Geschworenengericht besteht aus dem Schwurgerichtshof (drei Berufsrichter) und der Geschworenenbank (acht Laienrichter = Geschworene). Die Geschworenen entscheiden allein mit absoluter Mehrheit der Stimmen über die Schuldfrage aufgrund der vom Schwurgerichtshof gestellten Haupt-, Eventual- und Zusatzfragen. Ist dieser Wahrspruch nach einstimmiger Meinung der Berufsrichter falsch, kann er vom OGH überprüft werden und die Strafsache allenfalls einem anderen Geschworenengericht zur neuerlichen Entscheidung zugewiesen werden. Das Strafausmaß bestimmen Berufs- und Laienrichter gemeinsam.

Die Staatsanwaltschaft

In Strafsachen fungiert die Staatsanwaltschaft (StA) als vom Gericht getrennte, selbständige Behörde, die im Strafverfahren die Funktion des öffentlichen Anklägers wahrnimmt. Als von den Gerichten getrennte Verwaltungsbehörden sind die StA nicht unabhängig, sondern hierarchisch organisiert und an die Weisungen der Oberstaatsanwaltschaft und damit letztlich des BMJ gebunden.
Der StA ist zur Objektivität verpflichtet und muss, gleich wie alle anderen Behörden, die im Rahmen der Strafverfolgung tätig werden, alles berücksichtigen, was zur Be- und Entlastung des Beschuldigten dient. Zum StA kann nur ernannt werden, wer auch die erforderlichen Voraussetzungen für das Richteramt hat (akademisches Studium, Ablegung der Richteramtsprüfung).
Die StA führt die Strafverfolgung durch und leitet mit Hilfe der Polizei die Ermittlungen zur Klärung, ob eine Straftat vorliegt. Danach kann sie das Verfahren einstellen, beziehungsweise einen Strafantrag stellen oder Anklage erheben. Im Prozess vertritt die StA den Staat und setzt dessen Strafanspruch durch. Die Organisationsebenen der staatsanwaltschaftlichen Behörden entsprechen im Wesentlichen den Stufen der Gerichtsorganisation. Bei jedem für Strafsachen zuständigen LG ist eine StA eingerichtet.

DIE OBERSTAATSANWALTSCHAFT (OSTA)

Die den StA übergeordneten Oberstaatsanwaltschaften sind bei den OLG eingerichtet. Neben der Vertretung der Anklage vor dem OLG führen sie die Dienstaufsicht über alle staatsanwaltschaftlichen Behörden in ihrem Sprengel und sind unmittelbar dem BMJ unterstellt.

DIE KORRUPTIONSSTAATSANWALTSCHAFT (KSTA)

Die mit dem Strafprozessreformgesetz II geschaffene Korruptionsstaatsanwaltschaft wurde mit Anfang des Jahres 2009 operativ. Sie soll bei Bestechung, Amtsmissbrauch, Untreue, Geldwäsche, Betrug, aber auch bei Polizeiübergriffen weisungsfrei ermitteln.

DIE GENERALPROKURATUR (GP)

Eine Sonderstellung nimmt die beim OGH eingerichtete Generalprokuratur ein. Sie ist unmittelbar dem BMJ unterstellt und hat selbst keine Weisungsbefugnisse gegenüber den StA und OStA. Sie erfüllt eine bedeutende Funktion bei der Wahrung der Rechtseinheit und Rechtssicherheit im Strafrecht.

Bild nächste Seite:
Honoré Daumier: Das Plädoyer
Bild Seite 24/25:
Honoré Daumier: Ehescheidung

79

Richter, Staatsanwälte und ihre Geschichten

Mag. Daphne Franz
Familienrichterin
BG Ebreichsdorf

„Vor Gericht menschelt es, und das ist gut so!“

An einem heißen Nachmittag im Juli stehe ich vor dem Tor des kleinen BG im südlichen Niederösterreich und warte auf die Ankunft der Richterin Mag. Daphne Franz, mit der ich um 16 Uhr verabredet bin. Der Altbau wirkt auf dem langgezogenen Hauptplatz unscheinbar zwischen den anderen Häusern, einzig der Schriftzug *Bezirksgericht,* der in schwarzen Lettern an der Fassade angebracht ist, lässt mich erkennen, dass ich hier richtig bin.

Pünktlich erscheint eine attraktive Frau Mitte 40 und führt mich in den zweiten Stock des Gebäudes, in den Kaffeeraum des Gerichts, ein Zimmer mit einigen Tischen und Sesseln – und einer *Nespresso*-Maschine.
Zuerst erzählt mir die Familienrichterin, die vor ihrem Umzug nach Ebreichsdorf in Wien tätig war, von ihrem Arbeitsalltag. Neben den Verhandlungen (Scheidung, Vermögensaufteilung, Obsorge, einstweilige Verfügung, Unterhaltsverfahren, Besuchsrecht, Pflegschaftsverfahren, Vaterschaftsanerkennung …) gibt es auch Termine außerhalb des Gerichts wie beispielsweise bei einer Erstanhörung, wenn es um eine Sachwalterschaft – früher Entmündigung genannt – geht und organisatorische Tätigkeiten wie Postbearbeitung, Personalmanagement und generelle Justizverwaltung. Weiters steht Mag. Daphne Franz auch an den Amtstagen jeden Dienstag Vormittag für eine kostenlose Rechtsbelehrung zur Verfügung.
Dieser Amtstag (nur an BG, Termine unter www.courts.justiz.gv.at oder www.jusline.at ➛ Gericht) ist beinahe einzigartig auf der Welt, in nur wenigen Staaten kennt man eine ähnliche Serviceleistung – üblicherweise muss ein Betroffener zuerst den Weg zum Rechtsanwalt wählen und steht erst in der Verhandlung dem Richter gegenüber. Jedermann ist am Amtstag berechtigt, auch ohne Ladung oder gerade anhängigem Rechtsstreit direkten Kontakt zur Richterschaft aufzunehmen, ihr sein Leid zu klagen und unentgeltlich Auskünfte zu erhalten. Es können zum Beispiel Klagen mündlich zu Protokoll gegeben, Anträge eingebracht oder sonstige Erklärungen abgegeben werden,

weiters ist es auch möglich, wenn Kläger und Beklagter gemeinsam erscheinen, einen Rechtsstreit anhängig zu machen oder darüber zu verhandeln.
„Gerade nach einer Eskalation ist die Verzweiflung bei manchen Menschen groß, die Geschichten werden ausschweifend und emotional geschildert, und man muss sich wirklich viel Zeit für die Betroffenen nehmen. Mein Job ist es dann, die Wahrheit herauszufinden. Das ist oft schwierig, denn jeder berichtet über die Tatsachen verständlicherweise aus subjektiver Sicht – beschönigt oder verharmlost", so Mag. Daphne Franz, „egal ob bei einer Rechtsbelehrung, oder auch während der Verhandlung. Das passiert auch oft unbewusst und ist nicht böse gemeint. Es menschelt eben total bei uns, und das ist gut so. Ich würde niemals nur hinter einem Schreibtisch sitzen können, Akten wälzen wollen und Entscheidungen treffen müssen, ohne je die betroffenen Kläger oder Beklagten selbst gesehen oder gesprochen zu haben!"
Die Dienstag Nachmittage verbringt Mag. Daphne Franz mit den Tätigkeiten, die sich aus den Beschwerden und Anliegen der Hilfesuchenden am Vormittag ergeben, wie beispielsweise Wegweisungen bei häuslicher Gewalt.
Kann Mag. Daphne Franz nach emotional so belastenden Aktivitäten abschalten?
„Nicht wirklich. Ich denke auch zu Hause oft an meine Fälle, weil ich immer allen bestmöglich helfen will. Und nicht selten habe ich echt gute Ideen, wie man ein Problem am einfachsten lösen kann, gerade dann, wenn ich anfange mich zu entspannen, zum Beispiel unter der Dusche.

Manchmal muss man sich allerdings dazu zwingen, Abstand zwischen sich und die Schicksale zu bringen, sonst zerbricht man irgendwann daran."
Und wie sieht es mit den Urteilen aus? Fällt man die wirklich immer neutral?
„Wir handeln auch nur als Menschen", antwortet die Richterin auf meine letzte Frage, „und bringen unsere Erfahrungen mit ein, erstens aus unserem eigenen Leben, zweitens durch die Routine im Beruf. Somit kann man meiner Meinung nach nie hundertprozentig neutral sein. Unser Job ist es, Widersprüche aufzuzeigen und die Wahrheit herauszufinden, so gut es eben möglich ist."
Es folgen nun drei Fälle, die Mag. Franz unvergesslich geblieben sind.

§

DER KAMPF UM DEN GUMMIBAUM

Objekt der Begierde und Grund eines nachbarschaftlichen Streits: ein Gummibaum. Die etwa einen halben Meter große Pflanze war nicht mehr wirklich schön anzusehen, wie man bei genauerer Begutachtung feststellen musste. Sie besaß ein paar leicht vertrocknet wirkende Äste, Blätter gab es gar keine mehr. Doch trotz seiner Hässlichkeit wurde der kleine Baum mehr geliebt, als sich so mancher Pflanzenfreund vorstellen kann.

Zwei Damen mittleren Alters, wohnhaft in einem Wiener Gemeindebau, waren vor Gericht gezogen, um ein für allemal festzustellen, wem der Gummibaum denn nun tatsächlich gehörte.

„Reich werden sie mit diesem Fall aber nicht", empfing Mag. Franz den Rechtsanwalt der Klägerin an. „Ich halte fest, der materielle Streitwert liegt bei rund 500 Schilling."

„Aber es geht hier um den ideellen Wert, und der ist bei weitem höher", entgegnete der Anwalt humorlos.

Doch nun zum Ablauf der Geschehnisse!

April 1997, ein Gemeindebau in Wien Brigittenau: Frau Annemarie G. aus dem ersten Stock übergibt im Rahmen eines rührenden Schenkungszeremoniells ihren bereits äußerst desolat aussehenden Gummibaum der Hausbesorgerin Elisabeth S., die sich in den blattlosen Stiel verliebt hat. Die neue Besitzerin der kargen Pflanze päppelt diese monatelang auf, und aus dem hässlichen Entlein ist im August ein prächtiger Schwan, sprich ein üppig wucherndes Gewächs, geworden. Frau S. erntet jede Menge Lob von den Hausparteien, die auf dem Weg zu den Mistkübeln die dort ihr Dasein fristende Topfpflanze immer wieder bewundern.

„A jeda hod g'sogt, wos des für a wunderschener Bam wurn is", so Frau S. im Verfahren ein rundes Jahr später.

„Und was ist dann passiert?", fragt die Richterin nach.

„Des woa im Heabst. I hob glaubt, mi trifft da Schlog, i trog mein Mist obe, und da Bam is weg!", keucht Frau S. und presst beide Hände auf ihre Brust.

September 1997: Es wird sofort die Polizei gerufen, die sich mit der Begründung „Der Baum wird schon nicht davongelaufen sein“ weigert, einzuschreiten. Die Bestohlene hängt einen Zettel ans Schwarze Brett, auf dem steht: „Dem Dieb, der meine Pflanze geklaut hat, sollen die Hände abfallen.“ Es kommt jedoch zu keinem derartigen Vorfall, zumindest nicht im Wohnhaus des Opfers.

November 1997: Elisabeth S. hat sich von dem Schock zwar erholt, dass ihr geliebter Gummibaum, der ihr fast wie ein eigenes Kind ans Herz gewachsen war, entwendet worden war, doch eines schönen Tages erhascht sie beim Putzen der Gangfenster einen Blick in das Wohnzimmer einer anderen Hausbewohnerin, der Frau Elfriede W. – und entdeckt, man glaubt es kaum, ihren Gummibaum. „So a ogschamts Luada, i hob de no nie leidn kena!“, ereifert sich Frau S. Das beruht allerdings auf Gegenseitigkeit, wie jeder im Gemeindebau weiß und ein Lied davon singen kann.

Juli 1998, BG Wien Floridsdorf: „Das ist mein Baum“, kreischt Frau W., des Diebstahls bezichtig. Sie behauptet, die Sekretärin ihres Chefs hätte die Pflanze gekauft und in ihr Büro gestellt. Leider kann oder will der Chef diese Aussage nicht bestätigen. Jedenfalls warf laut Elfriede W. dieser Gummibaum im August des Vorjahrs alle Blätter ab, und so nahm sie ihn mit nach Hause und stellte ihn in den Hof zu den Topfpflanzen der Hausbesorgerin, wo er sich innerhalb kürzester Zeit erholte.

„Jetza wird ma glei übl, waun i drau denk, das i vielleicht gach des Bamal von dera Funsn mitgossn hob“, jammert Elisabeth S.

Frau W. bleibt jedenfalls bei ihrer Aussage und ergänzt, dass sie ihre Pflanze im September, also zum Tatzeitpunkt, der

sinkenden Temperaturen wegen vom Hof in die Wohnung geholt hätte.
„Und dann hat er wieder alle Blätter verloren“, bedauert die mutmaßliche Diebin.
„Eh kloa, wö er ned genug Liebe bekommt“, schmettert die Hausbesorgerin erregt.
„Ich wollte ihn schon wegschmeißen“, gesteht Elfriede W. mit einem bösen Glitzern in den Augen.
„Sie san a Stück Scheiße“, brüllt Frau S. daraufhin
„Ich lass mich doch nicht derart beschimpfen“, keift Elfriede W. zurück.
„Und wenn Sie einen Ableger machen?“, wagt die Richterin vorzuschlagen.
Die beiden Schreihälse funkeln sie nur zornig an.
„Ich denke, ich habe das Problem bis heute nicht verstanden!“, so Mag. Franz. „Jedenfalls hat die Hausbesorgerin die Anzeige zurückgezogen. Vielleicht haben sich die beiden Damen ausgesöhnt und züchten nun gemeinsam Gummibäume.“

§

EIN HUND MIT SCHWACHER BLASE

„In einem meiner ersten Fälle vor rund 16 Jahren hatte ich es mit einem blasenschwachen oder vielleicht sogar hinterhältigen – soweit man diese Eigenschaft auch Tieren zuschreiben kann – Hund zu tun.“

Die 30-jährige Gerda F. wohnt im dritten Stock eines Gemeindebaus, ihr gegenüber lebt die 60-jährige Emma D. Frau F. hat eine kalbsgroße, gelbliche Dogge namens Sammy, mit der sie jeden Tag etwa zur selben Zeit joggen geht.
„Der Hund braucht viel Bewegung, weil er ja sonst immer nur in der kleinen Wohnung ist", gibt Gerda F. in der Verhandlung an.
„Warum halten Sie auch so ein Riesenviech in der Stadt? Der gehört doch raus, in ein Haus mit Garten", schimpft Frau D., die selbst einen gelben Kanarienvogel namens Mimi und einen Hamster namens Maxi besitzt.
„Ich wollte aber einen Hund. Und den Sammy hab ich geschenkt bekommen, als er noch ein Welpe war. Ich wusste nicht, dass der so groß wird!", rechtfertigt sich Gerda F.
Frau D. verdreht die Augen und tippt sich kurz mit dem ausgestreckten Zeigefinger gegen die Stirn, was die Richterin sie zu unterlassen bittet.
Am Tag des Vorfalls, wegen welchem an diesem heißen Sommertag im BG Wien Floridsdorf verhandelt wird, trat Gerda F. im Jogginganzug mit ihrem Hund auf den Gang und bat Sammy, der noch nicht angeleint war, zu warten, bis sie die Türe zugesperrt hatte.
Als Frau F. die Dogge gerade an die Leine nehmen wollte, trat Frau D. aus ihrer Wohnung, um zu einem kleinen Spaziergang aufzubrechen.
„Sie wollte in den Park Tauben füttern gehen", giftet Gerda F. erklärend in Richtung Richterin, „das macht die immer. Und unsereiner muss sich von den Viechern alles anscheißen lassen."

Sammy, der Emma D. an jenem Tag erspäht hatte, preschte los und stürmte über die Stufen auf Frau D. zu, die zurückwich und dabei den Eingang zu ihrer Wohnung freigab.
„Ich geriet in Panik, als ich dieses Kalb auf mich zukommen sah", berichtet Emma D. „Sie müssen sich das vorstellen, Frau Richterin, ich sah nur noch diese blutroten Augen und die scharfen Zähne!"
„Sammy ist der gutmütigste Hund der Welt, und kein Monster", verteidigt Gerda F. ihren Liebling.
„Aber ich wäre sicher umgefallen, wenn der mich angesprungen hätte!", jammert Frau D.
Der Hund wollte offensichtlich gar niemanden anspringen, sondern sich einfach nur eine andere Wohnung anschauen, oder vielleicht auch Mimi und Maxi besuchen. Allerdings wurde dann der Harndrang des Tieres den beiden Frauen zum Verhängnis. Sammy lief nämlich schnurstracks in das Schlafzimmer der Nachbarin und hechtete auf das Bett, das Frau D. vor dem geplanten Spaziergang abgezogen hatte. Obwohl die Matratze nicht grün, dafür aber umso neuer und teurer war (sie bestand ausschließlich aus Naturmaterialen), hob der Hund sein Hinterbein und verrichtete seine Notdurft. Gleich darauf kam es zum Streit zwischen den beiden Nachbarinnen, während Sammy, bereit joggen zu gehen, am Gang auf sein Frauchen wartete. Frau D. wollte eine neue Matratze: „Ich schlaf doch nicht da drauf, wo der Hund hingepinkelt hat"). Frau F. lediglich die Reinigungskosten der alten übernehmen: „Die soll sich nicht so anstellen. Sie hat eine Naturmatratze, und Hundepipi ist ja schließlich auch nicht chemisch, und schon gar nicht giftig!"

Letztlich kam nach der Einvernahme der beiden Damen ein Vergleich zustande: Frau F. zahlte den sogenannten Zeitwert für die Matratze, der zwischen den Reinigungskosten und dem Neupreis lag (damals ca. 3.000 Schilling).

§

FEMME FATALE MIT 70

„Besonders oft habe ich es mit Eheproblemen und Scheidungen zu tun. Meistens sind diese Vorgänge emotionsgeladen, oft dramatisch, selten schmerzlos – es ist jedenfalls immer traurig mit anzusehen, wenn zwei Menschen, die einander einmal geliebt haben, sich auseinanderleben und trennen.

Im Fall von Erna A., einer zierlichen aber dennoch rüstigen Dame um die 70, konnte ich mir ein Lächeln jedoch nicht verkneifen: Frau A. wickelte bei mir ihre fünfte Scheidung ab, das Verfahren verlief völlig problemlos. Ich wunderte mich allerdings, wie locker diese Frau die Trennung von ihrem Mann nahm – sie sprühte vor Elan und Witz, während ihr Gatte eher wie ein tapsiger Bär kurz vor dem Winterschlaf wirkte. Nach der Verkündung des Scheidungsbeschlusses kam Erna A. über ihr ganzes, faltiges Gesicht strahlend auf mich zu und fragte, wann sie jetzt wieder heiraten dürfte. Ich entgegnete, beinahe sprachlos (was einem Juristen ja eher selten passiert): ‚Na eh gleich', wor-

aufhin Frau A. beschwingt aus dem Raum eilte. Ihr Ex-Bär, der mich im Vorbeigehen ansah, als hätte ich ihm den Honig geklaut, trottete schwerfällig hinterher.
Der Mann tat mir von Herzen leid, und ich konnte mich des Eindrucks nicht erwehren, dass dem armen Kerl schon eine ganze Zeit lang Hörner aufgesetzt worden waren."

§

DIE SPÄTE ERKENNTNIS

„Berührend hingegen war ein Paar, das ein hochemotionales Scheidungsverfahren mit vielen Nebenfronten wie Strafanzeigen, Besitzstörungsklagen etc. bei mir geführt hatte. Jedenfalls wirkten die beiden auf mich wie Hund und Katz, es sah wirklich so aus, als würden sich diese Menschen von ganzem Herzen hassen. Ich war mehr als überrascht (auch das passiert einem Juristen selten), als das Paar vor einigen Monaten sehr glücklich wirkend, händchenhaltend bei mir vorsprach um mir mitzuteilen, dass sie wieder heiraten würden. Ihnen sei erst durch das Scheidungsurteil bewusst geworden, was sie verlieren und wie sehr sie sich eigentlich noch immer lieben. Ende gut, alles gut!"

Honoré Daumier:
Von seiner Frau betrogen, wiederbetrogen, erzbetrogen

Mag. K.
Zivilrichter
BG Baden

„Wie man in den Wald hineinruft"

An einem traumhaft schönen Spätsommertag erreiche ich um drei viertel zehn das BG Baden. Ich warte noch zehn Minuten, bevor ich das Gebäude betrete, um pünktlich an die Bürotüre meines Gesprächspartners, eines Zivilrichters zu klopfen, der zwei Wochen zuvor bereits einen Termin mit mir mangels Babysitter für seine kleine Tochter abgesagt hatte. Ein etwas gestresst wirkender Mann kommt herangeeilt, stellt sich als Mag. K. vor, und während er sein Zimmer aufschließt, fragt er mich auch schon, wie lang das Interview dauern wird. Ich murmle etwas von einer Stunde, wohl wissend, dass sich das niemals ausgehen wird, und feuere sofort, kaum dass der Richter auf seinem Stuhl Platz genommen hat, meine erste Frage ab. Ja, er will anonym bleiben, möchte nicht im Rampenlicht stehen.

Mag. K., gebürtiger Kärntner, hat in Graz studiert, sein Gerichtsjahr in Wien absolviert und ist seit Februar 2008 als Karenzvertretung in Baden tätig, zuständig für allgemeines Zivil- und Mietrecht. Er hat sich bereits in seinen Jugendjahren für den Beruf als Richter entschieden, da er „Gerechtigkeit üben und objektiv urteilen können" wollte. Der Arbeitstag von Mag. K. beginnt zwischen acht und neun Uhr. Nach dem ersten Kaffee werden die Mails gecheckt, danach bearbeitet der Richter Unterlagen wie Verhandlungsvorbereitungen oder Urteile, bespricht sich mit Kollegen – „über Probleme diskutieren oder um Rat fragen ist in der Richterschaft sehr ausgeprägt" – oder recherchiert aktuelle Fälle. An Verhandlungstagen sitzt Mag. K. allerdings ab zehn Uhr hinter dem Richterpult: „Ja, im Talar, denn das ist eigentlich verpflichtend", und das sei auch gut so, weil man damit nach außen hin Autorität zeige. „Ältere Richter mit viel Berufserfahrung vermitteln diese allein durch ihre Ausstrahlung, aber wir Jüngeren setzen damit zusätzlich ein Zeichen", so Mag. K., der, wie er mir dann gesteht, den Talar an besonders heißen Tagen auch schon mal nur über den Richterstuhl hängt. Ebenfalls Pflicht wären eigentlich auch die schwarze Krawatte und das weiße Hemd, wobei Mag. K. das lockerer sieht und meist andersfarbig unterwegs ist. Bei der Urteilsverkündung, die öffentlich stattzufinden hat (wie die Verhandlung auch, nur in seltenen Fällen kann die Öffentlichkeit ausgeschlossen werden, was allerdings meist nur im Strafrecht relevant ist), sollte das Barett aufgesetzt werden, was in Zivilverfahren allerdings mittlerweile äußerst unüblich sei.

„Gibt es eigentlich auch Frisurvorschriften für Männer?"

„Also, ich kenne zumindest einen Richter – oder ist er ein Staatsanwalt? – mit Rossschwanz. Ich schätze also, dass es egal sein wird, wie man sein Haar trägt, wir sind schließlich nicht beim Militär."

Auf die Frage, ob er ein strenger Richter sei, antwortet Mag. K., dass er stets mit einer positiven Grundstimmung in jede Verhandlung gehe. Wichtig sei aber auch die Sachlichkeit, man müsse immer neutral und fair bleiben und Vorverurteilungen absolut unterlassen. Er könne allerdings auch hart sein, meint Mag. K. Das überrascht mich. Er lächelt und sagt: „Wie man in den Wald hineinruft …"

Außerdem sehr essenziell: Der Humor! „Vor allem in der Kommunikation mit Parteien und Anwälten, Mitarbeitern etc. ist Humorlosigkeit kaum zu ertragen und kommt gleich nach der Rücksichtslosigkeit." In einer Verhandlung sei das Lachen allerdings meist absolut fehl am Platz, „da muss man einfach stets die nötige Ernsthaftigkeit walten lassen!"

Ich frage Mag. K., ob er privat ähnlich agiert wie beruflich und erhalte als Antwort: „Im Gegenteil – im Job bin ich sehr geduldig, zu Hause überhaupt nicht. Und privat fällt es mir schwer, Entscheidungen zu treffen, im Beruf ist das kein Problem."

Wäre für einen Richter wohl auch irgendwie ungünstig, wie

ich meine. Nun möchte ich wissen, welche Rolle die eigenen Emotionen bei Verhandlungen spielen.
„Empfindungen wie Mitleid, so Mag. K., „existieren bei uns natürlich auch, wir sind schließlich keine Maschinen." Allerdings dürften solche Reaktionen nicht in die Irre führen und müssen bei Entscheidungen draußen bleiben.
„Und was passiert, wenn man sich seiner Sache nicht sicher ist, und das Urteil gefällt werden muss?"
„Vor Gericht wird viel gelogen, das ist klar. Ich sag den Leuten zwar immer, sie sollen mich nicht anflunkern, aber sie tun es trotzdem. Und sagt mir einer, dass er nie lügt, lügt er schon. Oft weiß man eben nicht, was wirklich passiert ist. Wenn es zwei total unterschiedliche Aussagen zu einem Vorfall gibt, dann muss man eben von der höheren Wahrscheinlichkeit ausgehen!" Ich möchte nun wissen, ob man nach der Urteilsverkündung manchmal an der Richtigkeit seiner Entscheidung zweifelt. „Nein, wenn ich ein Urteil gefällt habe, dann hängt mir der Fall nicht mehr nach, das ist wohl eine Art Schutzmechanismus. Aber davor denke ich oft alles wieder und wieder durch und bin dann auch zu Hause oft geistesabwesend. Doch meine Frau, mit der ich mich ständig austausche, hat dafür vollstes Verständnis."
Abschließend erzählt mir Mag. K. noch einige Begebenheiten aus seinem Gerichtsalltag.

§

VERSTECKEN FUNKTIONIERT NICHT

„Nachdem in einer Rechtssache der Beklagte seiner Ladung nicht nachgekommen war, erging ein Versäumungsurteil. Einige Tage nach dieser Begebenheit verließ ich mein Zimmer, um mir eine Tasse Kaffee zu holen, als sich mir plötzlich eine kleine Dame in den Weg stellte, die sich mit verkniffener Miene und auf Höhe meines Brustkorbs nach meinem Namen erkundigte. Bei Nennung desselben huschte ein triumphierendes Lächeln über ihre Lippen, bevor sie mich in äußerst aggressiver Weise und ohne jede Höflichkeit über meine unzähligen Unzulänglichkeiten aufklärte. Erst als auch ich keinen Grund und auch keine Möglichkeit mehr sah, freundlich zu bleiben, und sie lautstark und bestimmt des Hauses verwies, herrschte Ruhe. Vorerst. Kurz darauf übermittelte die Dame – sie war die Gattin des Beklagten und als solche eigentlich nicht einmal eine Partei – eine Kopie der Klage mit eigenhändig ergänzten Vorwürfen:

‚Richter Mag. K. versuchte sich vor mir zu verstecken, indem er ein Schild mit der Aufschrift *Eintritt nur nach Aufforderung* an seiner Türe befestigte und sich verleugnen ließ – ohne Erfolg. Da muss er bei mir früher aufstehen!!!!!!!!! Ich lauerte vor der Türe, weil ich ja wusste, dass er sein Zimmer irgendwann einmal verlassen muss. BINGO!!! …

Wohin wird denn der Richter mit dem eingeklagten Geldbetrag verschwinden? Vielleicht ein kleines nettes Wochenende in Paris, man gönnt sich ja sonst nichts? Der Rechtsstaat ist tot!!!'
Der eigentlich Beklagte und wahrscheinlich stark eingeschüchterte Gatte gab dann übrigens im ganzen Verfahren keinen einzigen Ton von sich."

§

DAS URTEIL KAM UNGELEGEN

Aus einer Berufung (natürlich ohne Anwalt!):
„Sehr geehrter Herr Richter! Das von Ihnen gefällte Urteil kommt mir zwar gerecht vor, aber trotzdem höchst ungelegen. Daher muss ich dagegen Berufung einlegen!"

§

DIE ALLEINVERDIENERIN

„Einmal erlebte ich eine Partei am Arbeits- und Sozialgericht, die sich in spezieller Art und Weise permanent selbst widersprach.
Die recht resolute Dame zeichnete sich dadurch aus, dass sie während der gesamten Verhandlung – diese dauerte über mehrere Tage, insgesamt immerhin 21 Stunden lang – mitschrieb,

sogar nachfragte, wenn sie etwas nicht verstanden hatte und alles fleißig in ihr orangefarbenes Notizbuch kritzelte. Beinahe vorbildhaft, möchte man meinen. Info am Rande: Die Dame war Rechtshänderin. Als sie allerdings von mir gefragt wurde, warum sie den Computer-Kurs, den sie für die von ihr übernommene Zusatzarbeit gebraucht hätte, nicht machen wollte, hielt sie mit wehleidigem Gesichtsausdruck ihre rechte Hand hoch und erklärte, sie habe schon seit geraumer Zeit eine Sehnenscheidenentzündung, die nicht und nicht abklingen würde. Ich versuchte ernst zu bleiben und wies die Dame darauf hin, dass sie doch stundenlang schreiben konnte, wie sie uns die ganze Zeit über eindrucksvoll bewiesen hatte. Kurz überlegte die Beklagte, und meinte dann sehr schlagfertig: ‚Na ja, eigentlich hab ich den Kurs deshalb nicht gemacht, weil ich Alleinverdienerin bin und für Weiterbildung keine Zeit habe.' Leicht irritiert und an meinem guten Gedächtnis zweifelnd – immerhin hatte ich den Akt ausführlich studiert – schlug ich die Daten der Dame nach: ledig und kinderlos! Aha!"

§

DER PEITSCHENSCHLAG

Aus einem Schriftsatz:
Aus prozessualer Vorsicht ist darauf einzugehen, dass der Klagevertreter im weiteren Vorbringen der Mahnklage angibt, die Klägerin habe „einen Peitschenschlag erlitten".

Zwischen den Parteien fand ein Autounfall statt. Zu einer Anwendung eines Instruments, welches seit dem Verschwinden von Pferdefuhrwerken im Straßenverkehr nicht mehr Verwendung findet, ist es jedenfalls nicht gekommen.

§

DER AGGRESSIVE „ROBIN HOOD“

„Ein begeisterter Gast an nahezu jedem Amtstag ist unser *Robin Hood* aus Baden. Es handelt sich dabei um einen etwa 65-jährigen Mann, der mit bemerkenswerter Leidenschaft Unrecht bekämpft, wo es ihm vor die hornbebrillten Augen kommt, dieses mit detailverliebter Akribie schriftlich festhält und uns Richtern seine Fälle bei jeder sich ihm bietenden Gelegenheit präsentiert. Leider lässt dieser Wächter über Gut und Böse nicht nur die notwendige Höflichkeit – von Respekt wage ich gar nicht zu reden –, sondern, entgegen eigener Einschätzung, auch jegliches Sachwissen vermissen.

Mittlerweile hat Robin Hood, der sich meist extrem aggressiv verhält und bei uns den Stresspegel erheblich ansteigen lässt, eine Klage eingebracht, in der er zwar in seinem eigenen Namen, tatsächlich aber für einen anderen, ganz offensichtlich ohne dessen Kenntnis oder Auftrag, Ansprüche geltend macht.

Vor kurzem musste ich mir jedenfalls im Lauf einer Verhandlung, in der ich als Prozessbevollmächtigter anwesend

war, von Robin Hood, der seinerseits wieder einmal als Rechtsberater in einem Verfahren einer anderen Partei fungierte, Folgendes anhören: ‚Ihre Einfältigkeit ist ja weithin bekannt, und die Richterin hat überhaupt keine Ahnung!'
Soviel zur Autorität, welche österreichische Gerichte in Teilen der Bevölkerung genießen.
Jedenfalls sollte es wegen dermaßen aggressiver Menschen wie diesem Mann überall Eingangskontrollen geben, wie sie bei größeren Gerichten üblich sind. Denn im Prinzip ist es jedem ohne Probleme möglich, bewaffnet zu Gericht zu kommen!"

§

KEINE LEICHE IN DER REGISTER-INFO

Wörtlich aus einer Register-Info:
Werden verstorbene Personen ersterfasst, so ist statt der Beschäftigung „verstorben am: TTMMJJ" zu erfassen. Die Erfassung „Leiche" als Beruf oder Zusatzangabe hat jedenfalls zu unterbleiben.

§

DER BESORGTE ANWALT

„Eine meiner Kolleginnen konnte in einer Verhandlung beobachten, wie eine anwaltlich vertretene, offensichtlich nicht berauschend prozessbeschlagene Partei dem eigenen Prozessstandpunkt durch ihre Aussage langsam aber sicher die Grundlage entzog, was bedeutet, sie widersprach sich laufend selbst. Die Besorgnis des Anwalts stand diesem buchstäblich auf die Stirn geschrieben. Es entging der Richterin nicht, dass besagter Advokat sich fieberhaft Notizen auf ein Blatt Papier machte. Nach dem Ende der Verhandlung konnte die Richterin nicht widerstehen – der Saal war natürlich bereits leer – und griff in die Lade unter dem Pult der Klägerin. Dort entdeckte sie einen Zettel mit folgender – in Riesenlettern gehaltener – Aufforderung des Anwalts an die eigene Partei: BITTE SCHWEIGEN SIE!
Ein Anliegen, dem die Klägerin offensichtlich nicht nachzukommen im Stande war. Das Blatt existiert noch."

§

BERECHTIGTER EINSPRUCH?

„Dieser Fall ist taufrisch: Ein Unternehmen klagte offenen Werklohn ein, der Beklagte wehrte sich dagegen mit Einspruch und brachte dazu sinngemäß vor, er schuldete nichts, weil die Rechnungen der Klägerin voll mit Rechtschreibfehlern und deswegen unbrauchbar wären. Zur Veranschaulichung wurden alle Fehler angestrichen, mit Blasen umfasst und mit der richtigen Version ergänzt. Das erste Amüsement der Richterin, einer Kollegin von mir, war groß, weil eine derartige Begründung des Nichtbestehens einer Forderung neu war und als durchaus innovativ bezeichnet werden muss.
Tatsächlich konnte man sich einige Tage später von den mangelnden Orthografiekenntnissen der Klägerin überzeugen, da man sie beauftragt hatte, Rechungsformulare für den Beklagten zu entwerfen. Und die Schriftstücke wiesen tatsächlich etliche, fast schon Augenschmerzen verursachende, Rechtschreibfehler auf (zum Beispiel ‚Reperatur'). Nun sei aber der Vollständigkeit halber noch erwähnt, dass die Klägerin Chefin eines Druckereiunternehmens ist!"

Bild nächste Seite:
Honoré Daumier: Die Herren Geschworenen

Dr. Norbert Gerstberger
Jugend- und Strafrichter
LG Wien

„Richter sein ist wie Schach spielen – immer wieder spannend!“

„Im Grunde genommen kann man zwei Archetypen von Strafrichtern unterscheiden: Die einen, ich will sie *Staatsdiener* nennen, verstehen sich in erster Linie als Speerspitzen des Staats *gegen das Verbrechen.* Mit der Ambition, mitunter auch durchzugreifen, schreiten sie voran, wobei sie in erster Linie darauf achten, dass ihren Amtshandlungen keine Formal- fehler anhaften. Vorsichtig, um nicht zu sagen zögerlich, reagieren sie, wenn sich im Focus ihrer Amtshandlungen hohe und höchste

Repräsentanten des Staats wieder finden – solche *clamerosen* Fälle sind unangenehm, man weiß schließlich nicht, ob man die Hand, die man nun beißen soll, nicht vielleicht noch zum Karrieresprung brauchen könnte (…) Die anderen sind die *Gralsritter* der Dritten Staatsgewalt, die Verfechter der richterlichen Unabhängigkeit. Sie grenzen sich deutlich von der Verwaltung ab, Interventionsversuche sind zwecklos. Geht es um Regierungskriminalität und/oder Wirtschaftskriminalität mit politischen Verzweigungen, werden sie von der Ambition getrieben, Gerechtigkeit gerade auch gegenüber den Mächtigen im Lande zu üben, und niemand kann sie dabei aufhalten.
Zu dieser Gruppe gehört – ohne Zweifel – der sympathische Richter Jacques Ricou, der uns als Protagonist durch Ulrich Wickerts Roman begleitet. Und letztendlich bleibt nach der Lektüre von *Der Richter aus Paris* die Überzeugung, dass ein Richter, der sich nicht gebeugt hat, ein Zeichen der Hoffnung gesetzt hat für alle, die an Demokratie und Rechtsstaat glauben."*

Nach kurzem Fußmarsch vom Ring zur Landesgerichtsstraße betrete ich, gemeinsam mit meiner Assistentin Steffi

* Aus: „Auf dem Scheiterhaufen der Paragraphen – Richter als literarische Geschöpfe", Oliver Scheiber, LIT Verlag, Textteil aus dem Beitrag „Karibische Nächte und die Grenzen richterlicher Unabhängigkeit – Ulrich Wickerts Roman „Der Richter aus Paris", von Dr. Norbert Gerstberger

ein wenig ehrfürchtig zum ersten Mal in meinem Leben das LG für Strafsachen in Wien, genannt das *Graue Haus*. Die Sicherheitskontrolle am Eingang fällt relativ zeitaufwändig aus – „Das ist die strengste die ich je erlebt habe, und ich war schon in den USA nach 9/11", flüstert Steffi kichernd. Mich fasziniert währenddessen die Tatsache, dass ich aus meiner mitgebrachten Wasserflasche trinken muss, wahrscheinlich um zu testen, ob die Flüssigkeit als Sprengstoff geeignet ist. Ich frage mich, und das bis heute, wie jemand reagiert, der einen derartigen Anschlag plant: Trinken und es drauf ankommen lassen oder verweigern mit dem Wissen, dass man sofort in Untersuchungshaft landet?

Nachdem wir ohne Zwischenfälle die Schleuse passiert haben, machen wir uns in dem grauen Gängelabyrinth des weitläufigen Gebäudes auf die Suche nach dem Zimmer von Dr. Gerstberger.

Wir grüßen da, wir grüßen dort – die geschäftig umherlaufenden Menschen, die aus Räumen herauskommen und in andere wieder eintreten, sind alle sehr freundlich, wenn auch das Haus selbst ein bisschen verstaubt und ungastlich wirkt. Aber wahrscheinlich soll ein derart wichtiges Gericht auch keinen einladenden Eindruck auf seine Besucher machen.

Etliche Abzweigungen, unzählige Zwischentüren und einige eigenartige Türnummerierungen später haben wir endlich das richtige Zimmer gefunden. Zögernd klopfe ich an die Tür, woraufhin ein sehr dynamisch wirkender Mann Mitte 50 öffnet und uns freundlich bittet einzutreten. Das relativ kleine, aber helle Büro sieht verhältnismäßig ordentlich aus, lediglich auf einem kleinen Tisch mit Sesseln für Besucher liegt ein Stapel rosa Aktenmappen, der jeden Moment umzukippen droht. Auf der einen Seite hängt ein Werk moderner Kunst an der Wand, auf dem Schreibtisch, der gut ein Drittel des Raumes einnimmt, stehen einige Fotos. Steffi und ich nehmen Platz, und nach kurzem Smalltalk beginnt die Fragestunde.

Dr. Norbert Gerstberger ist seit 30 Jahren in seinem Beruf als Jugendrichter und Richter des LG für Strafsachen Wien tätig, zudem als Untersuchungsrichter, vorsitzender Richter sowie Rechtsmittelrichter und er ist Obmann der Österreichischen Jugendrichtervereinigung. Er verbringt viel Zeit im Ausland bei Tagungen, Vorträgen und in der Ausbildung junger Richter. Dr. Gerstberger absolvierte sein Studium in Wien, promovierte 1979, arbeitete nach seinem Gerichtsjahr, da er ursprünglich eine Karriere in der Wissenschaft geplant hatte, als Assistent am Institut für Verfassungsrecht an der Uni Wien. Ab 1983 war er als Präsidialrichter am Jugendgerichtshof Wien, unter anderem als Beteiligter an wichtigen Reformen, bis zu dessen Auflösung 2003 tätig.

„Wie würden Sie sich selbst charakterisieren?“, möchte ich von Dr. Gerstberger wissen.

Er bemühe sich stets fair und liberal zu sein und eine gute Verhandlungsatmosphäre zu schaffen, also höflich zu bleiben und dem Beschuldigten nicht ins Wort zu fallen. Jede Verhandlung müsse im verfassungsrechtlichen Gesamtkomplex gesehen werden und wäre immer eine Gratwanderung zwischen Wahrheitsfindung und Menschenrechten. Er habe eine hohe Freispruchquote, weil er sich streng an *in dubio pro reo* („Im Zweifel für den Angeklagten") halte. „Ein Richter soll kein Racheengel im Talar sein, der für den Staat das Böse rächt, sondern ein Garant für Menschenrechte!" Auch wenn die freie Beweiswürdigung natürlich eine große Macht der Richter schaffe, müsse man sich als solcher ständig selbst zurücknehmen, ganz von Vorurteilen lösen und Sympathien wie auch Antipathien ignorieren, wenn man alle Eventualitäten eines Falls durchgeht, um diesen neutral beurteilen zu können.

Es gäbe, so Dr. Gerstberger, zwei Richtertypen, die Vollstrecker und die Zweifler. Erstere unterlägen einem wahren Verurteilungswahn – und davon wolle er sich ganz deutlich distanzieren.

Nach einem Kaffee und einer kurzen Plauderpause, oute ich mich als Fan deutscher Gerichtsshows und frage nach, wie ein Richter diese als Mann vom Fach beurteile:

„Diese Sendungen haben durchaus Aspekte von Realität, und umgekehrt ist jeder Gerichtssaal eine Bühne. Man kann sich von einem gewissen Rollenklischee nie ganz lösen. Oftmals werden privat nette Staatsanwälte aus reinem Verfolgungswahn im Prozess zu wilden Tieren. Es passiert dann sogar, dass Missverständnisse absichtlich nicht aufgeklärt werden – hier entsteht ein bösartiger Drive der sich immer weiter aufbaut. Verteidiger wiederum sind im wirklichen Leben allerdings weit weniger aktiv als im TV, sie spielen eher eine Rolle bei Laienrichtern und haben sonst relativ wenig Einfluss."

Ich muss an die hochemotionale Theatralik und das beinahe bis zur Selbstaufgabe reichende Engagement der

Rechtsanwälte bei Barbara Salesch&Co denken – alles nur gut geschauspielert offensichtlich. Die wilden Tiere hingegen scheint es wirklich zu geben.
Mich vom Gedanken an die rothaarige TV-Richterin und ihren sympathischen Dr. Römer losreißend, will ich nun wissen, wie es passieren kann, dass ein Unschuldiger im Gefängnis landet (siehe auch S. 141, *Der Fall Ambrosi*).
Dr. Gerstberger gesteht offen ein, dass so ein Missgeschick jedem Richter passieren kann, und zwar dann, wenn sich eine Indizienlage zu negativ zugespitzt hat und der Angeklagte aus der Situation nicht mehr herauskommt. Hat jemand eine Vorstrafe und alle Indizien sprechen gegen ihn, sei das eine denkbar schlechte Kombination, vor allem wenn Geschworene das Urteil fällen. Dieses müsse dann von allen drei Berufsrichtern abgelehnt werden, um es ungültig werden zu lassen, und das passiere nicht oft.
Meine Frage, ob ein Richter immer objektiv sein kann, wird verneint. „Das schöne Bild von Justitia mit den verbundenen Augen, die nur objektiv urteilt, ist unrealistisch." Die menschliche Sicht auf die Dinge sei wichtig. „Gnade muss ein tragendes Prinzip sein, aber auch Verständnis ist möglich. Gibt es bei einem Angeklagten ungünstige Lebensumstände zu berücksichtigen, ist das natürlich ein Milderungsgrund. Es ist halt immer wieder Abwägungssache!"
Schwierig sei es vor allem bei sehr heiklen Themen.
Ich frage nach.
„Naja, die Politik gibt sicher falsche Antworten auf den Umgang mit Asylwerbern, das Recht darf aber natürlich trotzdem nicht über Bord geworfen werden!"

Näher wird auf diese Problematik nicht eingegangen und ich stelle eine neue Frage. Wie sehr beeinflusst der Beruf das Privatleben des Richters?
Man könne nie ganz abschalten, so Dr. Gerstberger, die Aufgaben am Gericht würden einen einfach prägen. „Mir ist bewusst, dass ich mir gewisse Allüren zugezogen habe, die ich auch zu Hause auslebe, weil ich es gewohnt bin, unumschränkter Herrscher zu sein. Das liegt daran, dass ich unabhängig bin und keine Vorgesetzten habe."
Sehr wichtig sei der Humor und die Selbstironie, meint Dr. Gerstberger lächelnd. Vorsicht sei allerdings bei Zynismus angebracht, denn damit würde man nur das eigene Unbehagen kompensieren. „Schlimm sind diese knochentrockenen, humorlosen und verkrampften Juristen. Genauso übel finde ich die den Job idealisierenden Paragrafenreiter, meist sind die Frischen so, weil sie noch unerfahren sind." Mit der Routine komme nicht die Strenge, eigentlich sei es eher umgekehrt, „aber Ausnahmen gibt es natürlich immer."
Hier nun zwei der interessantesten Fälle und skurrilen Ausreden Beschuldigter, die mir Dr. Gerstberger erzählt hat.

§

DER „BURKA-PROZESS"

Dr. Gerstberger war der vorsitzende Richter im sogenannten *Burka-Prozess,* auch Wiener Terror-Prozess genannt, der im März des Jahres 2008 im Wiener LG für Strafsachen

stattfand. Er war einer der wichtigsten Fälle in Europa und hat auch weltweit Aufmerksamkeit erregt.
Mohamed M., Anfang zwanzig, sollte laut Anklage als Mitglied der *Globalen Islamischen Medienfront (GIMF),* einem propagandistischen Arm der al-Qaida, im Internet Anschläge auf Stadien und Zuseher der Fußball-Europameisterschaft 2008, in- und ausländische Politiker sowie Gebäude und Einrichtungen in Wien angekündigt haben. Weiters wurde Mohamed M. eine Beteiligung an einem Drohvideo vorgeworfen, mit dem Österreich und Deutschland zum Abzug ihrer Soldaten aus Afghanistan gezwungen werden sollten. Ebenfalls angeklagt war die Frau des mutmaßlichen Terroristen, Mona S., die offensichtlich hauptsächlich Übersetzerdienste für GIMF geleistet hatte.
Am vierten und letzten Tag des Prozesses kam es dann allerdings zu unvorhersehbaren Turbulenzen im Gerichtssaal: Mona S., die in einer Burka (Kleidungsstück, das zur vollständigen Verhüllung des Körpers dient) erschien, wollte auch während ihrer Aussage den Gesichtsschleier nicht abnehmen, weshalb sie akustisch nicht zu verstehen war.
Daraufhin forderte Dr. Gerstberger die Angeklagte auf, den „Fetzen", der in seinen Augen für das Kommunikationsproblem verantwortlich gewesen ist, abzulegen. Mohamed M. protestierte und sprach von einer schweren Beleidigung, woraufhin sich der Richter entschuldigte.
„Wenn ich damit jemanden gekränkt habe, nehme ich das zurück!", sagte Dr. Gerstberger.
„Ja, mich", rief die unter den Zuhörern sitzende Mutter der Mona S.

Dennoch forderte Dr. Gerstberger die Angeklagte auf, den Schleier vom Gesicht zu nehmen: „Es ist ein fundamentaler Grundsatz der österreichischen StPO, dass die Geschworenen anhand des Gesichtsausdrucks die Glaubwürdigkeit eines Angeklagten prüfen können." Mona S. lehnte jedoch ab: „Ich bin nach islamischem Recht und meinem Propheten gegenüber dazu verpflichtet, den Schleier zu tragen. Außerdem herrscht in diesem Land Religionsfreiheit!"
Der Richter erwiderte, dass er sich nicht auf eine theologische Diskussion einlassen würde und warf der Angeklagten vor, den Koran in ihrem Sinn auszulegen. Er gab Mona S. fünf Minuten Bedenkzeit und bat die Frau danach noch einmal, den Gesichtsschleier abzunehmen, was diese erneut verweigerte. Daraufhin beriet sich der Senat und beschloss, Mona S. von der Hauptverhandlung auszuschließen. Man berief sich dabei auf § 234 StPO, die da lautet:

Wenn der Angeklagte die Ordnung der Verhandlung durch ungeziemendes Benehmen stört und ungeachtet der Ermahnung des Vorsitzenden und der Androhung, dass er aus der Sitzung werde entfernt werden, nicht davon absteht, so kann er durch Beschluss des Schöffengerichts auf einige Zeit oder für die ganze Dauer der Verhandlung aus dieser entfernt, die Sitzung in seiner Abwesenheit fortgesetzt und ihm das Urteil durch ein Mitglied des Schöffengerichts in Gegenwart des Schriftführers verkündet werden.

In diesem Fall war man der Meinung, dass auch unpassende Kleidung ein ungeziemendes Verhalten darstelle.
In manchen Fällen verstehe und toleriere ich eine Verhüllung des Gesichts, wie in einem Mafia-Prozess, wo der Angeklagte nicht erkannt werden möchte. Aber hier handelte es sich eindeutig um Demonstrationsschritte für islamistisches Gedankengut, und dafür ist in meinen Verhandlungen kein Platz", so Dr. Gerstberger.
Der Verteidiger von Mona S. stellte daraufhin einen Antrag auf Befangenheit des Senats, der jedoch abgelehnt wurde.
Die Verhandlung ging mit Schuldsprüchen in sämtlichen Anklagepunkten zu Ende: Beteiligung an einer terroristischen Vereinigung, Beteiligung an einer kriminellen Organisation, Nötigung der Bundesregierung, versuchte schwere Nötigung und Aufforderung beziehungsweise Gutheißung einer mit Strafe bedrohten Handlung.
Die beiden Muslime hatten sich bis zuletzt „nicht schuldig" bekannt. Das Urteil lautete vier Jahre Haft für Mohamed M. („Ich verstehe diese Entscheidung nicht!") und 22 Monate unbedingt für Mona S., der die Strafe in einem Zimmer neben dem Gerichtssaal von der beisitzenden Richterin verkündet wurde.
„Bei den beiden handelte es sich tatsächlich um Überzeugungstäter, was als Erschwerungsgrund gewertet wurde, und da keine günstige Zukunftsprognosen anzunehmen sind, kann man das Urteil als schuld- und tatangemessen werten", so der Richter.

„Zum Thema Verschleierung eines Angeklagten im Prozess gab es bis dahin keine Vorentscheidung in Mitteleuropa", sagt Dr. Gerstberger im Interview, „daher war ich hier der erste Richter, der mit diesem Problem konfrontiert wurde. Ich musste handeln und habe mich entschieden – es war wichtig ein Zeichen zu setzen. Und mein Beschluss wurde auch vom OGH bestätigt. Ebenso hat der Präsident der Islamischen Glaubensgemeinschaft Österreich versichert, dass die Vollverschleierung in seiner Religion keine Pflicht sei. Es gab auch tatsächlich überwiegend positive Reaktionen auf meinen Beschluss, sogar von Seiten der islamischen Staaten. Man muss den Mut haben, zu seinen Entscheidungen zu stehen, denn wer sich zu Tode fürchtet, ist auch gestorben!"

§

„DAS IST DIE MONIKA!"

„Ich glaube es war im Jahr 2002, da war ein junger Mann, nennen wir ihn Gerhard F., wegen Mordes an seiner wesentlich älteren Freundin, Monika G., angeklagt.
Der mutmaßliche Täter, der bei seiner Mutter lebte, ist zum Zeitpunkt des Verbrechens sexuell noch recht unerfahren gewesen, wohingegen das Opfer schon etliche Beziehungen hinter sich hatte. Laut Aussage von Gerhard F. bevorzugte seine Freundin recht eigenartige, ich würde sagen abartige, Sexualpraktiken, was ihn zwar ein wenig verwunderte, aber

nicht abgeschreckte. Doch schon nach kurzer Zeit kam es laufend zu Demütigungen während des Geschlechtsverkehrs, da Gerhard F. dabei auch immer wieder versagte. Zum Höhepunkt, nicht zum sexuellen, sondern zu dem der Machtdemonstration von Monika G., kam es eines Nachts, in der sie ihren Freund aufforderte, ihr den Stiel eines Hammers anal einzuführen. Gerhard F. gehorchte, stellte sich dabei aber offensichtlich derart unbeholfen an, dass er seine Freundin erheblich im Enddarmbereich verletzte. Vor Schmerz und Wut schrie die Frau: ‚Nicht einmal das bringst du fertig, du Trottel!' Da riss dem jungen Mann offensichtlich der Geduldsfaden und er erwürgte Monika G. Danach zerstückelte er die Leiche, steckte die Körperteile in verschiedene Kochtöpfe und stellte diese ganz nach hinten in den Geschirrschrank.
Einen Tag später kochte er dann die Hand seiner Freundin und aß diese auf. Am Tag darauf erwischte ihn seine Mutter dabei, als er gerade wieder einen Topf mit einem der filetierten Leichenteile auf den Herd stellte und fragte nach, was sich in dem Kochgeschirr befinde. Daraufhin antwortete Gerhard F.: ‚Das ist die Monika!' und fuhr in aller Seelenruhe mit den Vorbereitungen auf das köstliche Mahl fort, woraufhin seine Mutter völlig schockiert die Polizei verständigte."

Steffi und ich sehen uns teils amüsiert (zu meiner großen Erleichterung schmunzelt auch Dr. Gerstberger), teils angeekelt an und fragen nach, welche Strafe Gerhard F. bekommen hat.

„Er erhielt 15 bis 16 Jahre Aufenthalt in einer Anstalt für geistig abnorme Rechtsbrecher. Der junge Mann wird jährlich kontrolliert, er könnte durchaus ein Leben lang dort angehalten werden."

„Wie viele Menschen sitzen ein Leben lang hinter Gittern, wenn das Urteil nach einem Verbrechen lebenslang lautet?", möchte ich wissen.

„Nun, nach frühestens 15 Jahren wird geprüft, ob eine bedingte Entlassung möglich ist, und das geschieht danach regelmäßig, wenn es nicht gleich beim ersten Mal klappt. Wirklich lebenslang, wo also keinerlei Chance auf Entlassung vor dem Tod besteht, sitzen in Österreich derzeit etwa zehn Menschen."

§

MAN WILL JA SEINE RUHE HABEN

„Ein bereits mehrfach wegen Einbruchs vorbestrafter, drogenabhängiger Angeklagter wurde neuerlich des Einbruchs beschuldigt. Er soll eine Wohnung aufgebrochen und sich darin umgesehen haben. Man hatte seine DNA-Spuren am Tatort gefunden, leugnen war also zwecklos. Als der Mann dann im Gerichtssaal vor mir stand, behauptete er, dass die Wohnung bereits aufgebrochen war, als er zufällig dort vorbeikam. Der Angeklagte hatte laut eigener Aussage einen ruhigen Platz gesucht, um Drogen zu konsumieren und die Gelegenheit beim Schopf gepackt. Er hätte keinesfalls vorgehabt, etwas zu entwenden. Ein Diebstahl konnte ihm in diesem Fall nicht nachgewiesen werden, und so ließ ich diese Begründung im Zweifel für den Angeklagten gelten."

§

GOTT WAR ZUR STELLE

In einem Vergewaltigungsverfahren schilderte eine offenbar sehr katholische Zeugin ihr spirituelles Erlebnis so: Der Täter hatte sie vom Rad gezerrt, sich auf sie gelegt und begonnen sie auszuziehen, woraufhin sie beschloss, sich nicht mehr zu wehren. Die fromme Frau hat dann ein intensives Stoßgebet zum Himmel gesandt: „Herr, schick mir einen Engel!" Der Angeklagte ließ daraufhin sofort von seinem Opfer ab und flüchtete.
„Ob der Mann nun von Haus aus keine Erektion hatte oder diese nach der laut ausgesprochenen Bitte an Gott schwand, kann ich nicht beurteilen."

Damit ist dieses Interview, das zu den interessantesten von allen zählt, die ich im Zug der Arbeit an diesem Buch geführt habe, beendet. Ich bedanke mich bei Dr. Gerstberger und verlasse mit Steffi das LG für Strafsachen in Wien auf demselben Weg, auf dem wir gekommen sind, sonst hätten wir uns unter Garantie verlaufen …

Bild nächste Seite:
Honoré Daumier: Haust du meinen, hau ich deinen

Mag. H.
Zivilrichter
BG in der Obersteiermark

„Meine Aufgabe ist es, auf Basis der Gesetze richtige Entscheidungen zu treffen, nicht solche, die ich für richtig halte."

Mag. H., der gern anonym bleiben und auch keine Auskunft über den Ort in und an dem er tätig ist, nennen möchte, hat meine Fragen bereits vorab angefordert und beantwortet diese nun per E-Mail:
„Ich bin 1970 geboren und in Knittelfeld aufgewachsen, wo ich auch das Gymnasium besuchte und Matura machte. Nach abgeleistetem Zivildienst begann ich, 1990 in Graz Jus zu studieren, und besuchte gleichzeitig die Akademie für Sozialarbeit. Ab 1993 arbeitete ich als diplomierter Sozialarbeiter mit verhaltensauffälligen Kindern und Jugendlichen, zuerst in einer sozialpädagogischen Wohngemeinschaft, danach selbständig als

Erziehungshelfer. Nebenbei brachte ich mein Jusstudium zu Ende und begann mit November 1998 als Rechtspraktikant – Übernahme und Richterprüfung 2002, danach Ernennung im Februar 2003 an einem BG in der Obersteiermark. Dort war ich drei Jahre lang als Familienrichter tätig, machte danach Zivil- und Bestandrechtssachen.

Ich bin seit 1994 verheiratet und Vater von drei Kindern.

Als ich zu studieren begann, interessierte ich mich für die Laufbahn als Anwalt oder als Jurist im Sozialbereich. Erst im Verlauf des Studiums entstand dann langsam der Wunsch Richter zu werden.

Ich bin an einem Gericht tätig, das schon nach den jetzt bestehenden Berechnungen seit Jahren zu etwa 120 Prozent ausgelastet ist – konkret heißt das, dass ich im Durchschnitt an die 50 Stunden pro Woche arbeite, wobei ich regelmäßig an Wochenenden zu Hause Urteile diktiere. Aufgrund meiner Zuständigkeit für zwei Drittel aller anfallenden Zivil- und zusätzlich Bestandsachen habe ich pro Jahr etwa 100 bis 120 Urteile schriftlich auszufertigen, eines davon hat mich heuer sogar in etwa 50 Stunden gekostet. Ebenfalls nicht wenig Zeit nimmt die Betreuung und Ausbildung von Rechtspraktikantinnen und -praktikanten in Anspruch, und als Vertreter des Gerichtsvorstehers habe ich immer wieder auch Justizverwaltungssachen zu erledigen. Daneben muss ich in meiner Funktion als gewähltes Mitglied des Personalsenats beim LG Leoben regelmäßig an Sitzungen des Personalsenats teilnehmen.

Zuletzt bin ich auch noch in der Standesvertretung tätig, was ebenfalls nicht unerheblichen Zeitaufwand bedeutet.

Unser BG ist ein zweiteiliger Kastenbau aus den sechziger Jahren, in dem sich nicht nur das Gericht, sondern auch das Finanzamt befindet, und ist massiv sanierungsbedürftig – nach den letzten Jahren an Planung soll ab 2010 mit den Renovierungsarbeiten begonnen werden.
Mein zirka 20 Quadratmeter großes Büro liegt nordseitig im zweiten Stock des Hauses, ist hell und freundlich, allerdings sehr schlecht isoliert – im Sommer erreichen die Temperaturen in etwa die von draußen, im Winter ist es vor allem am Montag Morgen recht kalt. Der etwa 35 Quadratmeter große Verhandlungssaal befindet sich neben meinem Büro.“
Jetzt kommen wir zu der etwas persönlicheren Frage der Selbsteinschätzung:
„Ich bin, denke ich, ein sehr korrekter Richter, freundlich, aber stets sachlich. Ich sehe die Gefahr, im Lauf der Jahre rechthaberisch und zynisch zu werden, versuche das aber zu vermeiden.
Klarerweise ist Fairness das oberste Prinzip, doch ich ertappe mich schon dabei, dass ich auf Parteien, die in der Verhandlung herumschimpfen, anders reagiere als auf die, die höflich und ruhig bleiben. Unbewusst handelt man einfach so. Schlechtes Benehmen verändert natürlich auch das Verhandlungsklima – beispielsweise wenn jemand aufgefordert werden muss, ein angemessenes Verhalten an den Tag zu legen (Kaugummi ausspucken, Handy ausschalten, Mütze abnehmen, den anderen ausreden lassen …), beeinflusst aber selbstverständlich nicht das Strafmaß oder das Ergebnis eines Zivilprozesses. Und meine Aufgabe ist es,

auf Basis der Gesetze richtige Entscheidungen zu treffen, nicht solche, die *ich* für richtig halte.
Die schwierigsten Entscheidungen sind für mich immer die, wo ich aus persönlichen Erwägungen und meinen eigenen Wertvorstellungen heraus anders entscheiden würde, als das Gesetz das vorgibt. Ich hatte zum Beispiel einmal in einem Zivilprozess über Schmerzengeldansprüche eines Verletzten zu urteilen. Dem lag folgender Sachverhalt zugrunde: Der Verletzte (Kläger) lebte in der gleichen Siedlung wie der Täter (Beklagter) mit Migrationshintergrund und terrorisierte die Bewohner der Siedlung. Insbesondere beschimpfte und bedrohte er die spielenden Kinder, auch mit durchaus fremdenfeindlichen Ausdrücken, sodass sich die Kleinen vor ihm fürchteten. Der Beklagte griff den Kläger, nachdem dieser seine Tochter wieder einmal beschimpft hatte, tätlich an und verletzte ihn leicht, wurde strafrechtlich dafür verurteilt und von mir zur Zahlung eines Schmerzengeldes verurteilt. Persönlich hatte ich allerdings vollstes Verständnis für den Angriff des Beklagten und habe dem Kläger eigentlich keinen Cent Schmerzengeld gegönnt.
Ins Privatleben wirkt der Beruf insofern hinein, als beispielsweise flüchtige Bekannte im Smalltalk sofort damit beginnen, rechtliche Fragen zu erörtern – wie bei einem Arzt, dem alle möglichen Leute von ihren Krankheiten und Wehwehchen erzählen. Freunde fragen mich natürlich auch oft um Rat, wenn sie ein juristisches Problem haben. Leider ist es auch so, dass mir manche Menschen mit größter Vorsicht begegnen, als hätten sie etwas auf dem Kerbholz und

müssten genau überlegen, was sie mir erzählen können, und was nicht. Bei Eltern von Schulkameraden meiner Tochter passiert mir das hin und wieder – das ist mir wahrscheinlich unangenehmer als meinem Kind."
Und nun zu den Fällen des Mag. H. und einigen Begebenheiten aus dem Gerichtssaal.

§

SEHENDEN AUGES

„Bei diesem Fall ging es um eine Besuchsrechtsstreitigkeit: Die Mutter verweigerte dem verzweifelten Vater jeden Kontakt zu seinen Kindern, da diese ihren Papa angeblich nicht sehen wollten, weil sie ihm die Schuld für das Scheitern der Ehe gaben. Die Frau wurde mehrmals ermahnt, was überhaupt nichts nützte, und sogar wiederholte Geldstrafen zur Durchsetzung des Besuchsrechtsbeschlusses änderten nichts an ihrer Einstellung. Selbst die Androhung der Beugehaft bewirkte bei der Mutter kein Einlenken. Im Verfahren ist ein kinderpsychologisches Gutachten eingeholt worden, aus dem hervorging, dass es zwar furchtbar war, was die Mutter den Kleinen damit antat, jede andere Lösung (Kindesabnahme und Unterbringung entweder beim Vater oder in einem Heim) für die Entwicklung der Kinder aber noch schlechter gewesen wäre. Egal was ich machte, an der Situation ließ sich nichts ändern, und so musste ich sehenden Auges miterleben, wie die Entwicklung von Kindern

beeinträchtigt wurde, ohne eingreifen zu können. Die Hilflosigkeit in dieser Situation machte mir sehr zu schaffen, doch ich konnte nichts anderes tun, als der Frau ihren Willen zu lassen, da die im Gesetz vorgesehenen Zwangsmittel keinen Erfolg brachten.
Bei solchen Entscheidungen kann ich gut verstehen, wenn Menschen (in diesem Fall der Vater der Kinder) den Glauben an die Gerechtigkeit und an uns Richter verlieren und die Gesetze für falsch halten."

§

IRRITIERENDER SCHEIDUNGSWUNSCH

„Zwei Frauen kamen zu meinem Amtstag und erklärten mir, dass sie sich einvernehmlich scheiden lassen wollten.
Ich erklärte: ‚Ich bräuchte dazu aber auch ihre Gatten, die müssen ebenfalls anwesend sein.'
Die eine Frau lächelte, die andere wurde ein wenig verlegen – Minuten des Schweigens vergingen.
Freundlich wiederholte ich: ‚Wissen Sie, wenn eine Scheidung einvernehmlich sein soll, brauche ich auch den Partner, da ich von ihm hören muss, dass er damit einverstanden ist. Anders geht das nicht.'
Da antwortete mir die Frau, die vorher gelächelt hatte, dass sich die beiden *voneinander* scheiden lassen wollten, beziehungsweise dies tun müssten.
Leicht irritiert blickte ich von der einen zur anderen,

räusperte mich und meinte dann: ‚Nun, da es in Österreich bis dato keine Ehe unter Homosexuellen gibt, kann ich Sie auch nicht scheiden.
Wenn Sie sich irgendwie alternativ zeremoniell haben trauen lassen, bin ich dafür nicht zuständig.‘
Daraufhin ergriff die andere Frau das Wort und setzte mich davon in Kenntnis, dass sie ein Transsexueller nach einer Geschlechtsumwandlung und mit der anwesenden Begleiterin verheiratet war.
Auf die Frage hin, warum sich die beiden scheiden lassen *müssten*, wurde mir erklärt, dass man für die Änderung des Geschlechts in Personalstandsurkunden nicht verheiratet sein dürfe, da in Österreich ja eben keine Ehe zwischen gleichgeschlechtlichen Paaren existiert.“

§

„WAS? ICH BIN SCHON GESCHIEDEN?“

„Dieser Fall ist ein Beispiel für ein klassisches Missverständnis: Ich hatte eine Scheidung, die völlig reibungslos verlief, auch wenn die Eheleute, beide österreichische Staatsbürger, während der Verhandlung nicht viel sprachen und sich keines Blickes würdigten.
Ungefähr eine Woche später kam die Exfrau mit einer Freundin ins Büro, und ich wunderte mich, dass sich die Begleiterin als Übersetzerin vorstellte. Ich wurde von ihr gefragt, wann denn nun endlich die Scheidungsverhand-

lung stattfinden würde, da ihre Freundin ungeduldig darauf warte. Noch verwunderter als zuvor erklärte ich, dass die Verhandlung bereits stattgefunden hatte und sie längst geschieden war, woraufhin mich die Exfrau auf türkisch zu beschimpfen begann. Es stellte sich heraus, dass sie nur schlecht deutsch sprach und, ohne mich wirklich verstanden zu haben, die Fragen, die während der Verhandlung von mir gestellt worden waren, beantwortet hatte. Die Verkündung des Scheidungsbeschlusses hatte sie überhaupt nicht mitbekommen.

Ich habe aber sonst meinem Wissen nach noch niemanden geschieden, der nicht einmal gemerkt hat, dass er geschieden wurde."

§

MIT MUSIK GEHT ALLES BESSER

Aussage einer Lenkerin bei einem Verkehrsunfall (zum Glück nur Sachschaden), bei dem sie auf die linke Fahrbahn geraten war und ein anderes Fahrzeug gerammt hatte: „Den Unfall selber hab ich nicht mitbekommen, ich habe gerade unter dem Beifahrersitz eine Musikkassette gesucht!"

TROTZ SUPERMAN-QUALITÄTEN

Ein Lenker schilderte einen Unfall folgendermaßen:
„Ich habe innerhalb einer Nanosekunde reagiert, konnte den Unfall aber nicht mehr vermeiden."
Der Mann hatte also ganz offensichtlich Superman-Qualitäten – obwohl das handeln innerhalb einer Nanosekunde sogar für einen Helden noch sehr schnell ist.

SO KANN MAN ES AUCH SEHEN

Aussage einer Frau in ihrem Scheidungsverfahren:
„Ich habe als Darstellerin in einem Pornofilm mitgewirkt, sehe das aber nicht als Eheverfehlung, sondern als Pensionsvorsorge. Ich dachte mir, dass ich, wenn ich einmal kein Geld habe, diesen Pornofilm verkaufen und zu Geld machen kann."

Bild nächste Seite:
Honoré Daumier: Die Presse zu meinem Plädoyer

Dr. Walter Eichinger
Strafrichter
LG Linz

„Den Ausschlag, Rechtswissenschaften zu studieren, gab letztlich mein Vater.“

Dr. Eichinger ist einer von den Richtern, dir mir aus Zeitmangel und aufgrund der großen Entfernung auf meine Interviewfragen fernmündlich antworten.
Der 43-jährige zweifache Vater besuchte das Gymnasium am Kollegium Aloisianum am Freinberg und begann im Oktober 1985 mit seinem rechtswissenschaftlichen Studium an der Johannes-Kepler-Universität Linz. Daneben jobbte er zur Finanzierung des

Studiums als Taxilenker, „ein Beruf, in dem ich – wie auch als Richter – die verschiedensten Charaktere und Mitglieder verschiedenster Gesellschaftsschichten als Kundschaften gehabt habe". Außerdem war er zu dieser Zeit auch als Fotograf tätig, machte regelmäßig für die Mitglieder einer befreundeten Band Fotos für Promotion-Zwecke und arbeitete für ein bekanntes Magazin.
Mittlerweile ist Dr. Eichinger am LG Linz als Hauptverhandlungsrichter für Strafsachen gegen Jugendliche und junge Erwachsene zuständig, daneben Vorsitzender eines Rechtsmittelsenats in Strafsachen und Mitarbeiter in der Innenrevision und Justizverwaltung.
„Da haben sie wohl einiges zu tun", stelle ich fest, „nehmen sie auch Arbeit mit nach Hause?"
„Ich versuche Privatleben und Beruf strikt zu trennen. Die Strafakten bereite ich, von ganz wenigen Ausnahmen abgesehen, ausschließlich im Büro vor, denn allein der Anblick der rosa Aktendeckel im Haus schränkt mich subjektiv ein."
„Was gab den Ausschlag für ihren Berufswunsch?"
„Mit dem Gedanken Richter zu werden, beschäftigte ich mich relativ spät, nämlich erst ein Jahr vor meiner Matura. Im Rahmen eines Schulversuchs wurde der Wahlpflichtgegenstand *Rechtskunde* angeboten, also besuchte ich mit Mitschülern mehrere Hauptverhandlungen vor dem Einzelrichter des LG Linz. Fast ehrfürchtig nahm ich mit meinen Mitschülern im Besucherbereich des Verhandlungssaals Platz, als – und daran erinnere ich mich noch genau – ein Jugendlicher, der damals jünger war als ich, in Handschellen aus der Untersuchungshaft vorgeführt wurde, weil er

wiederholt Einbrüche begangen haben soll. Damals war für mich, der aus wohlbehüteten familiären Verhältnissen kam, die zur Schau getragene Perspektivlosigkeit des Beschuldigten erschütternd und in meiner damaligen Naivität gleichzeitig unvorstellbar. Umso mehr war ich beeindruckt, wie umsichtig der Jugendrichter mit dem Beschuldigten umging und, neben der Strafsanktion, ein Netz von begleitenden Maßnahmen anordnete – meine damalige Vorstellung von Vorgängen bei Gericht war darauf reduziert, Beschuldigte ausschließlich zu bestrafen.

Eine andere damals ins Auge gefasste Berufsvorstellung hatte mit meiner künstlerischen Seite zu tun: Ich hatte schon lang meine *Nikon* und ein eigenes Fotolabor, in dem ich viele Tage und Nächte verbrachte und wo ich hunderte Fotos von Auftritten einer Band, deren Mitglieder meine Freunde waren, für Ankündigungen in Zeitschriften und Magazinen gestaltete und entwickelte. Immer wieder konnte ich auch andere mehr oder weniger bekannte Musikerinnen oder Musiker ablichten. Das gestalterische Element, die ästhetische Umsetzung bei den Fotoarbeiten und die Verquickung zwischen Fotos und Musik machten mir große Freude.

Den Ausschlag, Rechtswissenschaften zu studieren, gab letztlich mein Vater, der mir zwar die Finanzierung und Unterstützung beider Varianten offen ließ, erkennbar aber die traditionelle Berufsoption bevorzugte. Zu der anderen meinte er, es könnte nicht jeder ein Peter Lindbergh werden. Aber ich knipse noch heute mit meiner *Nikon* und habe daheim einen großen Schrank, gefüllt mit Bildbänden und

Werken von bekannten Fotokünstlern wie Herb Ritts, Bettina Rheims, Sante d'Orazio und vielen mehr.

Mein Zugang zum Beruf ist und war immer, den vor mir stehenden Beschuldigten mit Respekt zu begegnen und zu akzeptieren, dass es sein Recht ist, die aus seiner Sicht für ihn passende Verantwortung zu wählen. Ein Nicht-Geständnis darf nicht erschwerend sein, ein Geständnis stellt freilich einen Milderungsgrund dar.

Um sachgerecht und objektiv urteilen zu können, ist das Schwergewicht meiner Tätigkeit auf ein exakt vorbereitendes Studium des Akts zu legen, erst danach kann ich die Hauptverhandlung sicher und strukturiert durchführen. Dies entspricht der hohen Verantwortung, die ich als Richter habe – und mit dieser ist behutsam umzugehen. Es gibt, abseits oder neben den Möglichkeiten einer Bestrafung, verschiedene andere Maßnahmen. Bei jugendlichen Ersttätern bieten sich beispielsweise die Erbringung gemeinnütziger Leistungen anstelle einer Strafsanktion an. Im Verkehrsstrafrecht, also wenn alkoholisierte Fahrer andere am Körper verletzen, können Täter im Rahmen des Projektes *Close to* zur Präventionsarbeit herangezogen werden, indem diese vor in etwa gleichaltrigen Fahrschülern ihre Unfallerfahrungen und die daraus resultierenden Konsequenzen wie gerichtliches Strafverfahren, Schmerzengeldzahlungen und Ähnliches authentisch darlegen. Dabei sind die Täter gezwungen, auch ihr Tun immer wieder zu reflektieren.

Für mich ist es wichtig, mit den Beschuldigten – unter Beachtung meiner Autorität als Richter – in deren Sprache zu kommunizieren. Dies trägt zur Akzeptanz durch die

Beschuldigten bei. Oft haben diese, trotz ihrer Straffälligkeit, ein Gespür für ihr Fehlverhalten und die sie treffende strafrechtliche Konsequenz. Es bringt nichts, die Verfahren herunterzuspulen und die Beschuldigten ausschließlich und nur kurz zu den Anklagepunkten anzuhören."

Mit den Jahren, so Mag. Eichinger, ändere sich auch das eigene Verhalten in den Verhandlungen: Als junger Richter habe er natürlich nicht über den Vorzug seiner jetzigen Erfahrung verfügt. Diesen Mangel habe er mit perfektem Aktenstudium und hohem Wissen um formale Abläufe kompensiert. „Etwas, was ein älterer, routinierter Staatsanwalt, der damals oft mit mir verhandelt hat, nicht verstehen konnte. Dieser setzte eher auf pauschale und schnelle Lösungen, gepaart mit hohen Strafen."

„Was ist das Schwierigste an ihrem Beruf?", möchte ich nun wissen.

„Am Ende einer Verhandlung aufzustehen und, so kein Freispruch ergeht, eine tat- und schuldangemessene Sanktion zu verkünden! Doch mit Verlesung des Urteils ist der Prozess auch emotional für mich abgeschlossen, da ich weiß, dass ich nach einem durchgeführten Beweisverfahren nach bestem Wissen und Gewissen entschieden habe."

„Empfindet man trotz aller Routine manchmal noch Mitleid mit einem Angeklagten?"

„Im Vorfeld gibt es immer wieder Hinweise aus dem Akt, die das Handeln des jugendlichen oder jungen Erwachsenen Beschuldigten in gewisser Weise erklärbar erscheinen lassen, einen emotional bewegen und beschäftigen. Oft kommen die Personen aus desolaten Elternhäusern, wachsen in einem gewalttätigen Milieu auf, haben keine oder wenig Schul- oder Berufsausbildung. Andererseits wissen auch diese Menschen, dass Körperverletzung, Diebstahl, Suchtmittelmissbrauch und Ähnliches strafbar ist."

„Kann ein Richter immer gerecht sein?", stelle ich meine letzte Frage.

„Eine gerechte Sanktion zu finden ist eine Herausforderung und verlangt viel Feingefühl. Dieses ist vor allem dann vonnöten, wenn Beschuldigte in der Verhandlung aufgrund ihres Naturells entweder verbal aggressiv oder extrem angepasst und übersympathisch auftreten. In beiden Fällen darf man die angeklagte Tat nie aus den Augen verlieren."

Und dann erzählt mir Dr. Eichinger von einigen seiner interessantesten Prozesse.

§

DAS STRYCHNINNITRAT-OPFER

„Einer jener Fälle, die man nicht vergisst, ist folgender:

Ein zur Tatzeit 15-jähriger schmächtiger, aber sehr selbstbewusst auftretender Junge und ein 22-Jähriger hatten gemeinsam mit einem weiteren Beschuldigten in Kenntnis der letalen Wirkung von Strychnin einem Burschen eine Linie Strychninnitrat überlassen, wobei sie vorgaben, es handle sich dabei um Speed. Die beiden Erstgenannten haben in der Folge, mehrere Stunden nach Eintreten der mit der Vergiftung verbundenen Starrkrämpfe, den Körper des Burschen erfasst

und – um ihn zu töten – zu einem nahe gelegenen Fluss getragen und im Wasser so abgelegt, dass er ertrank.
Der Prozess stellte mich vor einige Herausforderungen: Schon bei der Ausschreibung des 11-tägigen Prozesses mussten die Termine mit drei Verteidigern, der Staatsanwältin, den beisitzenden Richtern, den Geschworenen, den Zeugen und acht Sachverständigen – ein Kinder- und Jugendpsychiater, ein psychiatrischer Sachverständiger, ein Pharmakologe, ein Toxikologe, zwei gerichtsmedizinische Sachverständige, ein Kriminaltechniker und ein Biologe – exakt abgestimmt werden.
Dann erhielt ich kurz vor Beginn des ersten Prozesstages die Meldung, dass der 22-jährige Beschuldigte mit Antidepressiva einen Suizidversuch unternommen hatte und nicht verhandlungsfähig war. Damit wurde gleich zu Beginn der geplante Verhandlungsablauf über den Haufen geworfen, und es mussten kurzfristig weitere Verhandlungstermine mit den Beteiligten koordiniert werden.
Der Prozess selbst gestaltete sich vielschichtig: Bei seiner Einvernahme gab der 22-Jährige entgegen seiner bisherigen Aussagen an, mit dem Ertrinken des Opfers nichts zu tun zu haben. Bei dieser Verantwortungslinie blieb er, auch als ich ihm den Brief mit dem von ihm verfassten Geständnis, wo er den Tatvorgang im Detail schilderte, sein Geständnis vor der Kriminalpolizei und das wiederholte Geständnis vor dem Untersuchungsrichter vorhielt. Info am Rande: Er selbst hatte um die wiederholte Einvernahme durch den Untersuchungsrichter gebeten.
Als das Fragerecht bei der Staatsanwältin war, begann sich

der Beschuldigte zu öffnen: Es war mucksmäuschenstill im Verhandlungssaal, als er plötzlich Schritt für Schritt die Tat rekapitulierte und erzählte, wie er und der 15-Jährige noch einen schwachen Puls am sterbenden Opfer fühlen konnten, der Körper von ihnen dann geschnappt und zum Fluss getragen wurde, wo der 15-Jährige ihn ‚eini zaht' und von Kopf bis zum Bauchbereich untergetaucht hatte. Dabei schilderte der junge Mann ruhig seine Motive, machte wiederholt kurze Pausen, in denen er immer wieder weinte. Allen lief es kalt den Rücken hinunter – auch mir.
Die beiden Beschuldigten wurden – neben anderen Delikten – wegen Mordes nach § 75 StGB (Strafgesetzbuch) verurteilt."

§

SCHWAMMERLSUCHE INKLUSIVE TRESORFUND

„Ein anderer – wegen der Verantwortung eines der Beschuldigten kurioser – Fall betraf fünf Männer aus den ehemaligen Oststaaten, denen angelastet wurde, als Mitglieder einer kriminellen Vereinigung einen Einbruchsdiebstahl in eine Trafik verübt und dabei neben Bargeld von mehr als 5.000 Euro noch sonstige Gegenstände im Wert von 2.700 Euro erbeutet zu haben. Dabei hatten sie einen ungefähr 100 Kilogramm schweren Tresor aus der Trafik abtransportiert, diesen in einem Waldstück gebunkert und dort aufgebrochen.

Im Zug der Ermittlungen fanden die Kriminalbeamten den beschädigten Tresor im Wald und konnten die Verdächtigen ausforschen.
Einer der Mittäter verantwortete sich damit, einige Stunden im Wald Schwammerl suchen gewesen zu sein, wobei er den Tresor und daneben mehrere Brecheisen gefunden hätte. Er habe den Geldschrank – ob der guten Gelegenheit – aufgebrochen, in diesem aber nur leere Zettel gefunden, den Tresor deshalb wieder geschlossen. Auf die Frage, ob er sich einer strafbaren Handlung schuldig bekenne, gab er an, dass wahrscheinlich strafbar sei, den Fund des Tresors nicht der Polizei gemeldet zu haben.
Bei einem anderen den Einbruchsdiebstahl bestreitenden Mittäter wurde in der Unterhose ein Bargeldbetrag von über 3.000 Euro vorgefunden. Eine rechte Erklärung dafür hatte er nicht.
Ein dritter Beschuldigter behauptete, zur Tatzeit jugendlich gewesen zu sein, wobei aufgrund seiner kräftigen Statur und des starken Bartwuchses augenscheinlich war, dass dies nicht der Wahrheit entsprechen konnte. Während der Befragung behauptete er später, mit sieben Jahren in die Schule gekommen zu sein, diese 9 Jahre besucht und mit 16 Jahren 2001 abgeschlossen zu haben. Da der ihm vorgeworfene Einbruch 2004 begangen worden war, konnten seine Altersangaben nicht stimmen. Der Beschuldigte, der als junger Erwachsener verurteilt worden war, gab sofort einen Rechtsmittelverzicht ab.“

§

MAN KANN JA NIE WISSEN

„Einmal stand ein ausländischer Staatsangehöriger aus ärmlichen Verhältnissen vor mir. Ihm wurde vorgeworfen, über einen längeren Zeitraum in verschiedenen Geschäften gewerbsmäßig Kleidungsstücke gestohlen zu haben, wobei im Raum stand, dass er diese in sein Heimatland geschickt und dort weiterverkauft hat beziehungsweise weiterverkaufen wollte. Der Beschuldigte bekannte sich in der Hauptverhandlung, bei der seine Frau im Zuschauerbereich saß, des Diebstahls schuldig, bestritt aber die gewerbsmäßige Vorgehensweise. Die Kleider hätte er ausschließlich für seine Frau gestohlen. Als ich ihm aus dem Akt die Aufstellung der zuletzt bei ihm sichergestellten Bekleidungsgegenstände mit der Bemerkung vorgehalten hatte, dass diese die Größen XS bis XL betreffen würden, weshalb seine Behauptung nicht richtig sein kann, zuckte er mit den Schultern und meinte mit ernstem Gesichtsausdruck: ‚Man kann ja nie wissen'.
Letztendlich wurde der Beschuldigte wegen des Verbrechens des gewerbsmäßigen Diebstahls verurteilt. Ob die Verhandlung nach der Enthaftung des Beschuldigten ein familieninternes Nachspiel hatte, ist mir nicht bekannt."

§

PAPIERSPITZEN VOM ZAHNARZT ODER DOCH DIE ZERBROCHENE RUMFLASCHE?

„Bemerkenswert war auch der Fall eines 20-jährigen Mechanikers, der bei geringer Fahrpraxis mit 1,3 Promille Alkohol im Blut mit seinem VW-Golf von der Fahrbahn abgekommen und gegen eine Betonsäule eines Transformators gestoßen war. Sein beifahrender Freund wurde bei dem Unfall schwer verletzt.
Anfangs hatte der junge Erwachsene bestritten, das Auto überhaupt gelenkt zu haben. Nach Vorhalt der Zeugenaussage eines Sanitäters, der den Beschuldigten vom Fahrersitz geborgen hatte, gestand er zu, gefahren zu sein, Alkohol habe er aber nicht konsumiert. Über Vorhalt des Ergebnisses der bei ihm durchgeführten Atemluftalkoholmessung behauptete er, am Vortag beim Zahnarzt gewesen zu sein, der ihm ethanolhaltige Papierspitzen eingelegt hätte. Ein in der Folge eingeholtes Gutachten des gerichtsmedizinischen Institutes ergab, dass die Erklärung des Beschuldigten aus medizinischer Sicht nicht nachvollziehbar sei, unabhängig davon, dass beim Zahnarzt ohnehin Materialien verwendet worden waren, die keinen Alkohol beinhalteten. In Kenntnis dieses Gutachtens entschloss sich der junge Erwachsene, seine Verantwortung neuerlich zu ändern und zu behaupten, er habe am Unfalltag im Beifahrerbereich für seine Mutter eine Rumflasche transportiert, welche beim Unfall

zerbrochen sei. Ein Teil des Rums sei ihm wahrscheinlich ins Gesicht gespritzt, weshalb Alkohol gerochen und bei der Atemluftmessung festgestellt worden war. Sein beifahrender Freund und ein weiterer junger Mann könnten dies bestätigen, was diese in der Hauptverhandlung auch taten, obwohl der behandelnde Notarzt und der Polizeibeamte am Unfallort deutliche Alkoholsymptome beim Beschuldigten wahrgenommen hatten und keine zerbrochene Rumflasche aufgefunden werden konnte.
Ergebnis der Hauptverhandlung war, dass der Beschuldigte hinsichtlich des Verkehrsunfalls unter Alkoholeinfluss rechtskräftig schuldig gesprochen wurde. Seine beiden Freunde sind in einem weiteren Verfahren wegen des Vergehens der falschen Beweisaussage je zu bedingt nachgesehenen Freiheitsstrafen auf Bewährung rechtskräftig verurteilt worden."

§

DAS TEURE BAD

„Interessant war auch der Fall jenes 15-jährigen Schülers, 16-jährigen Lehrlings und ihres 33-jährigen – arbeitslosen – Freundes, die gemeinsam mit der Kreditkarte des Vaters eines der Beschuldigten in ein Nachtlokal gegangen waren und dort in drei bis vier Stunden Getränke und Dienstleistungen im Umfang von fast 3.000 Euro konsumiert hatten.
In der Hauptverhandlung waren alle drei geständig, wobei

sie die Getränkerechnung von weit über 2.000 Euro in der von ihnen im Nachtlokal verbrachten kurzen Zeit nicht schlüssig erklären konnte. Sie hätten jedenfalls keine Dritten auf Getränke eingeladen. Als ich dem 16-Jährigen in der Folge die exorbitante Anzahl von Champagnerflaschen vorhielt und ihm erklärte, dass dermaßen viele von den dreien alleine nicht konsumiert worden sein konnte, wechselte er die Hautfarbe und gestand kleinlaut, dass er in einem Zimmer mit einer Dame ein Bad genossen, dazu Flasche um Flasche Champagner geordert und den Inhalt in die Badewanne geleert hätte.
So war die Getränkeaufstellung – durchaus glaubwürdig und schlüssig – erklärt."

Bild nächste Seite:
Honoré Daumier: Herr Zeuge …

Mag. F.
Verhandlungsrichter
LG Wien

„Es gibt nichts, was es nicht gibt!"

Steffi und ich haben unseren Interviewtermin mit Mag. F. im Café Museum in Wien. Bei strahlendem Sonnenschein sitzen wir im Gastgarten des Lokals und warten auf die Ankunft des Richters, der auch pünktlich erscheint. Er macht einen relativ entspannten Eindruck. Nach kurzem Smalltalk zückt Steffi Notizblock und Kugelschreiber, und ich beginne mit meinen Fragen an den Verhandlungsrichter.
Mag. F. ist seit 1976 Richter, war zwei Jahre im Justizministerium in der Personal-

sektion tätig und arbeitet jetzt ohne Spezialgebiet als Verhandlungsrichter am LG für Strafsachen Wien. Er bearbeitet in seinem Büro, das er stets mit einem Rechtspraktikanten teilt, rund 220 Fälle pro Jahr. „Für einen Richter ist es immens wichtig, schnell lesen zu können, bei den vielen Akten, die ständig anfallen."

Der berufliche Alltag von Mag. F. unterscheidet sich nicht von dem der anderen Richter: An Verhandlungstagen sitzt er ab neun Uhr im Gerichtssaal, ansonsten werden Akten gewälzt und Urteile geschrieben.

Ursprünglich plante Mag. F. eine Karriere beim Salzburger Fremdenverkehr, da es aber hieß, man habe mit einem absolvierten Studium bessere Chancen am Arbeitsmarkt, begann er mit Jus, wobei er nach und nach sein Interesse auf das Strafrecht legte. „Ich wollte eigentlich Polizeijurist werden, blieb aber nach dem Gerichtsjahr sozusagen bei Gericht hängen."

Ich frage nach, wie er sich als richterliche Person selbst beschreiben würde.

„Ich glaube stets an das Gute im Menschen, bin humorvoll und vermeide es, zu trocken zu sein. Und ich neige zur Milde. Früher war ich viel strenger, weil die Routine gefehlt hat. Heute tendiere ich dazu, auch Mitleid zu empfinden und Verständnis aufzubringen, weil ich weiß, wie oft es passiert, dass Menschen in Sachen hineinrutschen können und dann einfach nicht mehr raus kommen. Da muss nicht gleich eine schädliche Neigung bestehen oder automatisch von Wiederholungsgefahr ausgegangen werden. Bei tatsächlichen Wiederholungstätern muss man natürlich

wiederum vorsichtig sein, dass man vorurteilsfrei an die Sache herangeht. Die humane Komponente ist eben wichtig, man ist als Richter schließlich kein Computer.
In den Verhandlungen lege ich sehr viel Wert auf eine gute, lockere Atmosphäre – vor allem weil sich auch oft Schülergruppen im Saal aufhalten. Ich kann aber auch autoritär sein und lasse beispielsweise Angeklagte nicht immer komplett frei reden, um eine gewisse Struktur beizubehalten."
Mag. F. gehört, wie ich im weiteren Gesprächsverlauf erfahre, zu jenen Richtern, die zu Hause nicht immer ganz abschalten können, vor allem dann nicht, wenn komplizierte Verhandlungen bevorstehen oder Fälle vertagt wurden, man sich damit also noch einmal auseinandersetzen muss. „Da kommt es dann schon vor, dass diese Dinge einem im Hinterkopf herumgeistern", gibt der Richter zu.
„Lösungseinfälle hab ich übrigens immer", lacht Mag. F., „egal ob unter der Dusche oder in der U-Bahn."
Weitere Beeinflussungen im privaten Bereich gäbe es dahingehend, dass man einfach vorsichtiger werde (zum Beispiel in Bezug auf Diebstähle). „Außerdem ist man generell immer entscheidungskräftig, auch innerhalb der Familie, weil man ja gewohnt ist, sich niemandem unterzuordnen."
Auf die Frage, ob es an der österreichischen Gerichtsbarkeit etwas zu kritisieren gäbe, meint Mag. F., dass er die Erfahrung gemacht hätte, dass Geschworenenverfahren sehr hinterfragenswert wären. Es sei äußerst schwierig, oft komplexe Akteninhalte entsprechend zu vermitteln – reines Vorlesen sei ohnehin komplett sinnlos, außerdem würde es zu lang dauern – und diesen acht Personen zusammenfassend die

Tat und deren Hergang zu schildern. Ein strafbares Geschehen wiederzugeben, ohne seine eigenen Vorstellungen mit einzubringen und die Geschichte zu färben, sei praktisch unmöglich.
Was müsste passieren, dass er seinen Beruf an den Nagel hängt?
„Da ich ein absoluter Gegner der Todesstrafe bin, würde ich bei Wiedereinführung derselben kein Richter mehr sein wollen. Leider ist es nicht hundertprozentig auszuschließen, dass das passiert. Ich persönlich bin der Meinung, dass eine Strafe von maximal 20 Jahren für jede Tat mehr als ausreichend ist, danach ist mit Sicherheit jedes Verbrechen abgegolten und abgebüßt!"
Nun hat auch Mag. F. noch einige Fälle und ein persönliches Erlebnis, das ihn nach eigener Aussage sehr geprägt hat, für uns vorbereitet.

§

DER FETISCHISTISCHE DIEB

Markus L. wurde beschuldigt, mehrfach in einem Schuhgeschäft Ware gestohlen zu haben. Verwunderlich war allerdings, dass der Mann ausschließlich Fußbekleidung mitgehen hat lassen, die bereits von Kunden anprobiert worden waren.
„Leicht verwundert fragte ich in der Verhandlung nach, da ich den Grund dieser Vorgehensweise ganz und gar nicht

verstand. ‚Also, Herr L., erklären Sie mir doch bitte, warum sie nur schon getragene Schuhe gestohlen haben. Ich meine, das ist doch eigenartig, sie haben regelrecht darauf gewartet, dass Leute in die Schuhe schlüpfen und diese dann wieder zurück stellen. Erst dann haben sie zugegriffen und sich mit dem Diebesgut aus dem Staub gemacht.‘

Markus L. antwortete: ‚Herr Rat, das ist mir peinlich, ich möchte diese Frage eigentlich nicht beantworten. Ich habe geklaut, und damit basta! Ich gestehe alles!‘

Doch ich konnte mir nicht helfen, mich interessierte der Grund für das seltsame Verhalten des Beschuldigten immer mehr, und so versuchte ich noch einmal, ihm eine Erklärung zu entlocken. Mir war meine Neugier zwar auch ein wenig peinlich, denn eigentlich hätte seine Aussage in Verbindung mit der beweisbaren Tat völlig ausgereicht, um das Urteil zu fällen.

Gerade als ich die Sache auf sich beruhen lassen wollte, begann Markus L. mit gesenktem Kopf zu reden: ‚Herr Rat, ich hab deshalb nur bereits anprobierte Schuhe genommen, weil … weil mich das … naja … weil mich das irgendwie antörnt.‘

In diesem Moment habe ich mir gewünscht, ich hätte nicht so sehr auf einer Erklärung bestanden, denn ich musste mich wirklich sehr zusammenreißen, um nicht lauthals loszulachen.“

§

DIE RACHEAKTION

„Einmal hatte ich einen Einbruch zu bearbeiten, bei der die Wohnung eines Opfers komplett ausgeräumt worden war. Und wenn ich sage komplett, meine ich komplett, es fehlten sogar die Vorhänge. Die Frau gab an, dass sie am Abend, als sie von der Arbeit heimgekommen war, ihre vier Wände völlig leer vorgefunden hätte.
Ich folgte ihren Ausführungen und konnte mir keinen Reim auf die Geschichte machen, denn welcher Einbrecher nimmt sich die Zeit, auch völlig wertlose Dinge mitzunehmen? Erwähnenswert dabei ist, dass das Opfer keinesfalls wohlhabend gewesen ist, die entwendeten Gegenstände also alles andere als wertvoll waren.
Letztendlich kam ich zu dem Schluss, dass die Tat fingiert gewesen sein musste, offensichtlich handelte es sich dabei um einen Versicherungsbetrug, den die Frau begehen wollte, und ich musste sie verurteilen.
Allerdings wurde die gesamte gestohlene Einrichtung, samt Vorhängen, rund ein halbes Jahr später zufällig aufgefunden. Es stellte sich heraus, dass es sich bei der Tat um eine Racheaktion an der Frau gehandelt hat – ein verschmähter Liebhaber hatte sehr viel Phantasie bewiesen. Das Opfer wurde daraufhin natürlich freigesprochen."

Dass Unschuldige verurteilt werden, sei leider nie ganz auszuschließen. Es kann vor allem dann passieren, wenn die Zeugen gut lügen, bewusst oder unbewusst Tatsachen verdrehen und damit den Beschuldigten belasten, und/oder alles für die Schuld des anzunehmenden Täters spricht und keine Zweifel bleiben.
Ich hatte einmal einen mutmaßlichen Mörder im Gerichtssaal, der einen Taxifahrer erstochen haben soll. Die Mutter des Angeklagten gab ihrem Sohn ein Alibi und beschwor, dass ihr Junge zum Tatzeitpunkt mir ihr vor dem Fernseher gesessen sei. Doch die Indizienlage sprach gegen den Mann und ich hatte ihn zu verurteilen. Bis heute bin ich mir nicht hundertprozentig sicher, ob er wirklich schuldig war."

§

EINE FOLGENSCHWERE ENTHAFTUNG

„Auch ein anderes Mal habe ich, nachträglich gesehen, falsch entschieden:
Ich musste eine Sachbeschädigung nach einem Trennungsstreit verhandeln. Der Beschuldigte – er hatte nachweislich in der Wohnung seiner Ex-Frau alles kurz und klein geschlagen und dies auch gestanden – stellte nach seiner Verurteilung einen Enthaftungsantrag.
Ich überlegte einige Tage und war mir nicht sicher, ob ich dem stattgeben soll, da mir der Mann nicht ganz geheuer

vorkam. Er schien das Ende der Beziehung nicht zu verkraften und wirkte insgesamt recht labil, außerdem hatte er nach der Verhandlung Drohungen gegen seine Ex-Partnerin ausgestoßen.
Aus diesem Grund ordnete ich ein psychiatrisches Gutachten an, das besagte, dass sich der Verurteilte in einem stabilen Zustand befände und es keine Einwände gegen die Freilassung gäbe, woraufhin der Verurteilte enthaftet wurde.
Nur wenige Tage später erhielt ich die Nachricht, dass der Mann seine Ex-Frau erschossen hatte.
Die Angehörigen der Ermordeten machten mich persönlich für ihren Tod verantwortlich.
Seit diesem Vorfall enthafte ich keine Menschen mehr, die mit irgendetwas drohen.

Überhaupt nerven Drohungen allmählich. Sie sind mittlerweile sehr zahlreich geworden und es ist meist kaum abzuschätzen, wie ernst sie gemeint sind. Auch ich bin dadurch einmal in eine unangenehme Situation geraten und wurde von einer Frau gestalkt, die ich nach einer von ihr begangenen Tat für zurechnungsfähig erklärt hatte. Die Person drohte mir noch im Gerichtssaal, dass sie mich fertig machen würde – das ist ihr zwar nicht gelungen, aber sie hat mich regelrecht verfolgt und ist mit ihrem Verhalten gehörig auf meinen Nerven herumgetanzt. Die Frau hat dann irgendwann aufgegeben und aufgehört, mir ständig nachzulaufen, somit hat sich das Problem ganz von allein gelöst."

§

SEX IM ALTERSHEIM

Ein 40-jähriger Angeklagter hatte angeblich eine Pensionistin in dem Heim, in dem diese lebte, vergewaltigt. Bei dem mutmaßlichen Opfer handelte es sich um eine ehemalige Justizwachebeamtin, der Mann war bereits mehrmals vorbestraft.
Im Lauf der Verhandlung stellte sich heraus, dass die beiden eine Beziehung und mehrmaligen Kontakt hatten.
„Die Frau, so rekonstruierte ich die Tat Stück für Stück, bekam schließlich Angst, dass Gerede im Heim aufkommen würde, weil sie sich mit einem so jungen Mann eingelassen hatte und befürchtete, von den Mitbewohnern aus der trauten Gemeinschaft ausgeschlossen zu werden. Und so erfand die Pensionistin einfach eine Vergewaltigung, als der Mann beim Verlassen ihres Zimmers gesehen wurde, was ihr mehrere Heimbewohnerinnen entrüstet noch am selben Tag unter die Nase rieben. Da war allerdings mit Sicherheit mehr Neid als Moral im Spiel.
Das Schlimme an der Sache war, dass der Beschuldigte vor der Verhandlung bereits monatelang wegen seiner mutmaßlichen Tat in Haft gewesen war und ihn aufgrund seiner Vorstrafen eine hohe Strafe erwartet hätte.“

ES GIBT NICHTS, WAS ES NICHT GIBT

„Jetzt noch ein Erlebnis aus meinem Privatleben, welches mich sehr geprägt und in meiner Tätigkeit als Richter beeinflusst hat: Nach einem Heurigenbesuch mit meiner Frau fanden wir auf der Straße einen Strauß Rosen. Die Blumen waren weder verwelkt noch sonst irgendwie kaputt.
Meine Frau meinte dann: ‚Schätzchen, wenn ich nun allein gewesen und mit den Rosen nach Hause gekommen wäre und dir erzählt hätte, dass der Strauß einfach so auf der Straße lag …‘
‚… hätte ich dir kein Wort geglaubt. Wahrscheinlich wären meine Gedanken dahingehend gewesen, dass ein anderer Mann im Spiel ist. Und ich hätte deine Erklärung für eine nicht einmal wirklich kreative Ausrede gehalten.‘
Meine Devise daher: Es gibt nichts, was es nicht gibt!“

Bild nächste Seite:
Honoré Daumier: Die gegnerischen Anwälte

752

Dr. S.
Zivilrichter
Gerichtshof Wien

„Entscheidungen haben rein nach Gesetzen zu erfolgen, sonst würden sie gar nicht halten."

Kaum hat uns Mag. F. verlassen, nähert sich auch schon „unser" nächster Richter. Es handelt dabei sich um Herrn Dr. S., der uns sofort verkündet, dass er anonym bleiben und auch nicht den Namen des Gerichts, an dem er tätig ist, nennen möchte.
Wir plaudern ein wenig, kommen dann aber relativ schnell zur Sache, da sich die Sonne bereits zurückzuziehen beginnt und es langsam

kühl wird. Doch Steffi möchte auf jeden Fall draußen bleiben und sieht mich erwartungsvoll an, den Kugelschreiber im Anschlag. Und so starte ich mit meiner ersten Frage an den etwa 55-jährigen Richter.

Nach seinem Jusstudium und dem Gerichtsjahr in Wien arbeitete Dr. S. fünf Jahre als Strafrichter, bevor er aufgrund eines traumatischen Erlebnisses ins Zivilrecht wechselte (über den genauen Grund wollte der Richter zu diesem Zeitpunkt noch nicht sprechen, später erhalten wir aber die Erklärung).

Sein Tagesablauf: „Am Morgen, allerdings selten vor 10 Uhr, da ich kein Frühaufsteher bin, bearbeite ich in meinem Büro Protokolle oder den Einlauf – nein, es handelt sich dabei nicht um eine medizinische Maßnahme, sondern schlicht um den Posteingang beziehungsweise die neu hereingekommenen Akten. Oder aber ich verhandle bis etwa 16 Uhr und diktiere danach Urteile. Gegen 18 Uhr fahre ich dann nach Hause, wo ich meist auch noch arbeite, oft bis Mitternacht, und mich auf den nächsten Tag vorbereite. Leider muss ich meist auch noch am Wochenende daheim Fälle studieren, da die meisten Richter eine 60-Stunden-Woche haben. Und komplizierte Urteilsausfertigungen oder langwierige Vorbereitungen zur Klärung von Rechtsfragen erfordern oft tage- oder sogar wochenlange völlige Abschottung."

Sein Arbeitsplatz im Gericht sei nicht gerade der modernste, die Möbel abgeschlagen, die Teppiche verschlissen, das 25 Jahre alte Gebäude insgesamt sehr renovierungsbedürftig. Dr. S. meint, er hätte auch gar keine Lust, sein Büro zu verschönern oder mit Privatem persönlicher zu gestalten, da er sich dort sowieso nie wirklich wohl oder heimelig fühlen würde.

„Eigentlich wollte ich ja Sportlehrer werden, kam dann aber spontan auf die Idee, Jus zu studieren. Und während des Gerichtsjahrs stellte sich dann die Gewissheit ein, dass ich die richtige Entscheidung getroffen hatte und dabei bleiben würde."

„Sind sie ein strenger Richter?", frage ich nun ohne Umschweife.

„Ich judiziere nach dem Gesetz! Strenge oder Milde werden ohnehin im Instanzenzug aufgehoben, sind also gar nicht notwendig, und Mitleid mit den Parteien ist sowieso nicht angebracht. Mit dem Alter und den Berufsjahren wird man außerdem auch pragmatischer. Ich lege allerdings Wert auf gute Umgangsformen und Professionalität. Dazu gehören Pünktlichkeit und Korrektheit – bei mir wird niemand mit juristischen Tricks, die ich als langjähriger Richter natürlich zwangsläufig beherrsche, ausgebremst – so etwas schafft von vornherein eine gute Atmosphäre. Ich bin auch der Meinung, im Gegensatz zu manch anderen, dass Humor kein tragendes Element in der Verhandlung sein sollte."

Eine Sekunde später ergänzt der Richter allerdings, dass es manchmal einfach klüger sei, eine verklemmte Situation mit einem humorvollen Hinweis zu lösen, als gleich mit dem Staatsanwalt zu drohen.

„Früher konnte ich Privates und Berufliches nur sehr schwer trennen", antwortet Dr. S. auf die Frage, ob es nicht schwierig sei, die Fälle nicht ständig mit sich herumzutragen, „vor allem wenn meine Partei aus dem Suchtmittelbereich kam. Das hat sehr stark auf mein Privatleben abgefärbt."

„Als nächstes …", setze ich an.

„Und das tut es manchmal auch heute noch", fährt Dr. S. fort. „Eigentlich hab ich die Prozesse und Entscheidungen immer im Hinterkopf, ich bin privat oft recht unkonzentriert. Es ist halt schwer, in diesem Beruf abzuschalten, das kann ich eigentlich nur dann so richtig, wenn ich auf Urlaub fahre. Bewegende Dinge sind wirklich schwer loszuwerden, besonders Suchtmittelverhandlungen strengen emotional doch sehr an, zusätzlich wird man vom Arbeitsdruck und der quantitativen Arbeitsbewältigung permanent aufgerieben."

Die Justiz sei enorm unter Druck, seit fünf bis sechs Jahren gäbe es eine extreme Überlastung, die auf Kosten der Zeit für die einzelnen Parteien gehe. „Ein Richter kann die Quantität nicht steuern, und meist bleibt dabei die Qualität auf der Strecke. Es gibt bei uns rund 600 Verfahren im Jahr, davon bis zu 200 mit Urteil."

Das alles sei eine Folge der wirtschaftlichen und gesellschaftlichen Dogmen, der Neoliberalismus erschüttere die Staatsgewalt mehr und mehr in ihren Grundfesten.

„Wenn beispielsweise ein Staatsanwalt die Wahl hat, ob er einen Wirtschaftskriminellen verfolgt oder 150 Hühnerdiebe, wählt er die Hühnerdiebe, und der andere wird laufen gelassen. Ich weiß nicht, ob sich andere Ordnungssysteme herausbilden werden, wenn die Justiz nicht mehr funktioniert. Es gibt keine Ressourcen für komplexe Entscheidungen, und das übt Druck auf die Parteien aus. Man ist gezwungen zu wählen: Strebe ich einen Prozess an, der mich eventuell viel Geld kostet, oder lasse ich lieber die Finger davon. Man könnte nur auf ein Schiedsgericht ausweichen, was aber in jedem Fall sehr teuer ist."

Dr. S. wechselt nun das Thema. Als Fan von Hans Kelsen (1881–1973) sei er ein Anhänger des Rechtspositivismus, also der Lehre, die die Geltung von Normen allein auf deren positive Setzung und ihre soziale Wirksamkeit zurückführt. Eine Rechtsanwendung ist dann als positivistisch zu bezeichnen, erklärt Dr. S., wenn sie sich nur am vorgegebenen Gesetz orientiert und gegenüber außerrechtlichen Prinzipien undurchlässig ist.

„Entscheidungen haben rein nach Gesetzen zu erfolgen, sonst würden sie gar nicht halten", bemerkt also Dr. S. folgerichtig.

„Und was sind die schönsten Momente in ihrem Beruf?"

Da muss es doch noch etwas Positives geben, denke ich.

„Wenn man ein wirklich vertracktes Verfahren zufriedenstellend zu Ende bringt, eine Einigung von Parteien erzielt, Lösungen bei unangenehmen Problemen oder schwierigen Sachverhalten findet, und wenn eine äußerst komplizierte Entscheidung vom OGH bestätigt wird."

Gut, mehr Schönes werde ich aus diesem Richter wohl nicht mehr herauskitzeln können, also frage ich nach seinen spektakulärsten Fällen.

§

DIE GEFÄHRLICHE RETTUNG

Dieser Fall war für Dr. S. der Grund zum Wechsel vom Straf- zum Zivilrecht:

„Es war im Jahr 1987, in einem Suchtgiftverfahren, als eine weibliche Angeklagte mit etlichen Vorstrafen nach ihrer Verurteilung Anlauf nahm und versuchte, aus dem Fenster im dritten Stock aus rund 15 Metern Höhe zu springen.

Sie blieb jedoch mit den Beinen am Fensterbrett hängen, und während die Justizwachebeamten, starr vor Schreck, nicht reagierten, zog ich sie zurück in den Verhandlungssaal. Die junge Frau riss sich dabei ihre Hände an den Glasscherben des kaputten Fensters auf und verletzte sich schwer. Mich erwischte sie mit ihren Schuhen an der Hand und ich trug eine offene Abschürfung davon. Die Frau blutete sehr heftig und ihr Blut gelangte dabei auch auf meine Wunde.

Plötzlich rief eine Justizwachebeamtin in Richtung der Angeklagten: ‚Aber du hast doch Aids!'

In diesem Moment schossen mir tausend Gedanken durch den Kopf, der erste davon war: ‚Ich muss mir sofort die Hände waschen!' Dann habe ich den Notarzt gerufen und im Nachbarsaal weiterverhandelt, während die Frau ins Krankenhaus gebracht wurde. Später kam ein Anruf von der Polizei, dass ich zur Hepatitisprophylaxe ins Spital kommen müsste, da die Angeklagte nicht nur Aids, sondern auch Hepatitis hatte.

Ich befand mich zwei Jahre lang in dem Albtraum nicht zu wissen, ob es an diesem Tag, an dem ich die Frau vom Fenster in den Saal zurückzog, zu einer Ansteckung gekommen war. Doch Gott sei Dank ging die Sache gut für mich aus – die Angeklagte habe ich nie mehr wieder gesehen."

§

WENN EIN RICHTER DURCH DEN FLUSS SCHWIMMT

Beim Betriebsausflug einer Firma unternahmen rund 30 Personen eine Rafting-Tour. Der Guide brachte nach diesem im wahrsten Sinn des Wortes feuchtfröhlichen Erlebnis seine Schäfchen allerdings nicht ins Trockene, sondern zu einem Wasserfall, und überraschte das muntere Grüppchen mit dem besonderen Kick, von dem höchsten Punkt der Wassermassen in einen darunter gelegenen Tümpel zu springen.

Keiner der Firmenmitarbeiter wollte sich diesen Spaß entgehen lassen oder vor den anderen als Feigling dastehen, und so hüpften die Leutchen der Reihe nach mutig in die Tiefe. Allerdings blieb nach dieser Unternehmung der letzte Springer querschnittsgelähmt.

Danach stellte sich die Frage, ob diese erhebliche Verletzung als Arbeitsunfall galt oder nicht. Das war vor allem wichtig wegen der sozialen Absicherung für das restliche Leben des Pechvogels.

Die Sache wurde eingehend untersucht und geprüft: Es fand eine weltweite Literaturrecherche statt, vor allem auch im Sportbereich, mit dem Ergebnis, dass kein einziger dokumentierter Fall zu finden war, der dem Unglück bei diesem Betriebsausflug ähnelte. Auch unfallchirurgische und sporttraumatologische Begutachtungen trugen nicht zur Klärung bei.

„Ich ordnete einen Lokalaugenschein an, sah darin die Möglichkeit, mir ein besseres Bild vom Unfallhergang machen zu können.

In der Nähe des Tümpels angekommen, mussten wir, einige Experten und ich, einen Fluss überqueren. Allerdings passten nur acht Personen in das bereitgestellte Boot, und wir waren zu neunt. Also ließ ich die anderen fahren und schwamm ans gegenüberliegende Ufer.

Der Lokalaugenschein brachte leider ebenso wenig neue Erkenntnisse, wie die Untersuchungen davor, und so wurde das Unglück letztendlich als Arbeitsunfall angesehen.

Allerdings hatte der Anwalt einer Prozesspartei vor dem Lokalaugenschein die Presse informiert, und diese ist dann auch vor Ort gewesen. Die Folge war letztendlich ein kleines Medienspektakel – meine Schwimmeinlage, und die Tatsache, dass ein ehemaliger Olympiasieger den Sprung vom Wasserfall nachgestellt hat, sorgten aufgrund des ganzseitigen, reißerischen Berichts *Richter stürzt sich in die Fluten* in der Sonntagsausgabe einer bekannten österreichischen Tageszeitung – nein, es war nicht die *Krone* – für großes Aufsehen. In dem Artikel hieß es, ich hätte absichtlich eine Show abgezogen. Damals kam sogar der Präsident des OLG zu mir ins Gericht und fragte mich, was da los und wie es wirklich gewesen sei. Ich stieß mit meiner wahrheitsgetreuen Schilderung der Ereignisse auf vollstes Verständnis und bekam einen Kaffee spendiert, anstatt, wie sich vielleicht die Presse erwartet hatte, eine Rüge zu erhalten."

Bild nächste Seite:
Honoré Daumier: Unter Kollegen

Dr. Martin Abel
Zivilrichter
LG Linz

„Ich werde grantig, wenn sich Menschen vor Gericht verbal nieder-machen.“

Auch das Interview mit Dr. Abel findet im Café Museum statt. Ich bin an einem Mittwoch Vormittag pünktlich vor Ort und setze mich auch an diesem Tag wieder in den Gastgarten. Es ist zwar nicht so sonnig wie letztens, doch die Temperaturen sind immer noch sehr angenehm. Bei einem Verlängerten und einem Glas Mineralwasser warte ich auf meinen Interview-Partner, der kurz darauf auftaucht.

Ich finde den Richter, der kurz vor seiner Pensionierung steht, sofort sympathisch, und nachdem ich ein wenig über mich und das Buch gesprochen habe, bitte ich ihn, mir von sich und seiner Tätigkeit zu erzählen.

Er meint lachend, dass das Zivilrecht nicht so „publicity-trächtig“ sei wie das Strafrecht und er mich eventuell langweilen werde, nachdem ich doch auch schon Strafrichter interviewt habe. „Das wird sicher nicht passieren“, antworte ich und frage nach seiner beruflichen Laufbahn.

Dr. Abel ist seit 1978 Richter, wollte allerdings früher Deutsch- und Geschichtelehrer werden (auch seine Eltern sind Lehrer). Doch als sein Vater ihm von dieser Berufswahl abriet, entschied sich der damals 18-Jährige zum Jusstudium – und hat es bis heute nicht bereut.

Nach acht Semestern Studium in Linz, dem Doktorat in der Tasche und verschiedener Unstimmigkeiten mit seinem Vater, ging Dr. Abel nach Deutschland und nahm einen Job in einem Verlag für Arbeitsrecht an, doch schon drei Jahre später zogen ihn Heimweh und „Verständigungsprobleme“ zurück nach Österreich. Der damals 28-Jährige machte in Bad Ischl die Gerichtspraxis und lebte sich langsam in die für ihn neue Arbeitssituation ein. „Ich hatte zu diesem Zeitpunkt Gott sei Dank bereits viel Lebenserfahrung – was für jeden Anwärter auf den Richterposten wirklich sehr wichtig ist – deshalb war die Umstellung relativ einfach für mich. So hatte ich nebenbei auch noch die Gelegenheit, für die Justizmeisterschaften im Skifahren zu trainieren. Geld gab's zwar nicht so viel wie in Deutschland, dafür war die Atmosphäre hier lockerer und die Kollegen geselliger.“

Dr. Abel war im Lauf der Jahre am LG und OLG in Linz tätig, hielt sich im Sommer allerdings stets in Ischl auf, wo er die Außerstreitabteilung führte. „Dort hatte ich viel mit dem ansässigen Rechtspfleger zu tun, der heute Bürgermeister der Stadt ist", erinnert sich der Richter.
„Was ist Ihnen in Ihrem Beruf wichtig?"
„Streitereien möglichst rasch und unbürokratisch zu bereinigen! Allerdings ist das nur dann möglich, wenn die Leute sich auch wirklich einigen wollen und für meine Vorschläge offen sind. Zwang erzeugt halt nun mal Druck, und Druck erzeugt immer Gegendruck. Es ist auch wichtig, Menschen reden lassen zu können, ihnen aufmerksam zuzuhören – das Verstehen der Probleme ist immens wichtig für die spätere Einigung – und unvoreingenommen zu sein."
Ein strenger Richter sei er eigentlich nicht, so Dr. Abel, „aber man muss auch Autorität ausstrahlen und sich Respekt verschaffen können. Ich werde sicher ein bisschen bös, wenn Parteien sehr uneinsichtig sind, da platzt mir auch schon mal der Kragen. In diesem Zusammenhang ist dann die Lebenserfahrung gefragt: So sollten Familienrechtler Ahnung vom Familienleben haben, oft sind sie dafür aber zu jung. Und hat man wenig Erfahrung in einem Bereich, merken das die Parteien und tun sich schwer, Entscheidungen auch wirklich zu akzeptieren.
Ich bin auf jeden Fall jemand, der auf Leute zugeht, und das stets ohne Grant, denn die schlechte Laune muss draußen bleiben. Das hat natürlich auch etwas mit Routine zu tun, denn mit dem Alter wird dieser Beruf wesentlich einfacher. Ein junger, unerfahrener Richter hat es sicherlich viel

schwerer, oft spielt hier auch der Respekt vor den Anwälten eine zu wichtige Rolle, so nach dem Motto ‚nur nicht streiten (lassen)'."

Dr. Abel erzählt, dass er eine recht unbürokratische Verhandlungsführung bevorzuge und niemals einen Talar trage. Für ihn sei es auch wichtig, zwischendurch eine amicale (freundschaftliche) Situation herzustellen, um die Stimmung aufzulockern.

Mit den anderen Richtern sei er gut befreundet, es herrsche eine recht familiäre Atmosphäre am Linzer Gericht, was gut sei für die Arbeitsmoral. Anderswo gibt es laut Dr. Abel oft Reibereien zwischen Zivil- und Strafrichtern, oder auch mit den Staatsanwälten, doch in Linz werden Kollegialität und Geselligkeit groß geschrieben. „Wir haben übrigens auch viele Hochleistungssportler in der Richterschaft", merkt Dr. Abel abschließend nicht ohne Stolz an.

„Sie haben vorhin erwähnt, man würde im Alter routinierter werden – bekommt man damit auch automatisch mehr Distanz zu den Fällen und den Parteien?", frage ich nach.

„Nein, eigentlich nicht. Ich fühle immer noch mit, vor allem tun mir Leute, die unschuldig zum Handkuss kommen, sehr leid. Ich kann wirklich nicht behaupten, es würde mich nichts mehr betroffen machen, ich werde auch total grantig, wenn man mich persönlich angreift, oder sich Leute gegenseitig verbal niedermachen. Das tut man einfach nicht!"

Nun möchte ich noch etwas über die Auswirkungen des Berufs aufs Privatleben des sympathischen Richters wissen.

„Nun, in meinem Job genießt man das große Privileg der

freien Dienstzeit, ich arbeite aber trotzdem meine 40 Stunden pro Woche. Natürlich gibt's da auch noch die Umstandsmeier, die sicher mehr zu tun haben. Das sind dann die, wo das sogenannte ewige Licht im Büro brennt. Ich vermute, die sind einfach ineffizient oder kompliziert, denn die Geschäftsverteilung ist sehr gerecht. Ich kann mir meine Zeit Gott sei Dank frei einteilen und hab's da besser als meine Partnerin, die Anwältin ist.
Natürlich färbt der Beruf auch auf das Verhalten im Privatbereich ab. So muss man ein wenig aufpassen, dass man nicht überheblich auf andere wirkt – man kann halt mit Widerspruch nicht besonders gut umgehen", antwortet der Richter lachend. „Deshalb hab ich auch eine Ausbildung zum Mediator gemacht, weil das sehr gut für die Selbstreflexion ist.
Angenehm ist wiederum, dass man ein gewisses Ansehen genießt. Das bemerkt man besonders dann, wenn man unter anderem erfährt, dass die Bekannten sich ein wenig damit schmücken, einen Richter zu kennen. Ab November 2010 bin ich allerdings voraussichtlich in Pension, da ist's dann vorbei damit – das wird sicher gewöhnungsbedürftig. Aber da mach ich dann den Segelschein und hoffe, dass meine Bekannten das genauso erwähnenswert finden."

Dr. Abel zur schriftlichen Umsetzung seines Interviews: „Ich habe ihren Text über mich gelesen, jetzt komme ich mir richtig sympathisch vor."

§

DER COOLE VATER

„Dieser Fall hat mir einen ganzen Sommer verdorben: Es ging um eine einvernehmliche Scheidung.
Der Mann wanderte in die USA aus, um dort auf einer Farm quasi als Cowboy zu arbeiten, pflegte aber weiterhin einen guten Kontakt zu seiner Ex-Frau und der 12-jährigen Tochter. Das Mädchen sollte im Sommer zu ihrem Vater reisen, aber die Mutter hatte Angst, dass das Kind dann vielleicht keine Lust mehr haben könnte, wieder zurückzukommen, und der coole Vater und die Pferde interessanter werden würden, als das Zuhause in Österreich. Sie wollte daher die Entscheidung nicht selbst treffen und überließ mir diese Verantwortung. Das allerdings nicht ohne mir zu sagen, dass sie mir die Hölle heiß machen würde, wenn ihr Kind nicht mehr freiwillig zurückkäme.
Kindesabnahmen sind ja allgemein sehr kompliziert – und noch dazu nach amerikanischem Recht. Doch das Kindeswohl stand natürlich im Vordergrund, und so habe ich die Reise erlaubt. Allerdings war ich den ganzen Sommer in Sorge, ob dieses Kind wieder kommt, und was ich tun würde, wenn dies nicht der Fall wäre.
Gott sei Dank kam die Kleine ohne Probleme zu ihrer Mutter zurück, und mir ist ein Stein vom Herzen gefallen."

„HERR RAT, ER LÜGT NOCH IMMER“

„Ein Türke stand vor Gericht, mit dabei ein Dolmetscher. Der Übersetzter war ein alter, weißhaariger Mann, der früher als Seiltechniker in der Türkei gearbeitet und dort die Sprache gelernt hatte.
Alles klappte tadellos bis zu dem Zeitpunkt, zu dem ich eine ganz einfache Ja-Nein-Frage stellte, die eigentlich total unverfänglich und unkompliziert gewesen ist und somit rasch zu beantworten gewesen wäre.
Doch diese Frage schien es wirklich in sich zu haben, denn der Türke und der Dolmetscher diskutierten gut fünf Minuten herum, offensichtlich ohne zu einem brauchbaren Ergebnis zu kommen. Ich wurde in der Zwischenzeit immer ungehaltener, bis ich endlich dazwischen ging und fragte, was denn da los sei.
Eigentlich hatte ich daraufhin ein paar beschwichtigende Worte und bestenfalls die Antwort auf meine Frage erwartet und war umso erstaunter, als der Übersetzter mit hochrotem Kopf erbost rief: ‚Herr Rat, er lügt noch immer!‘
Ich dankte dem alten Mann für seine Einschätzung und Mitarbeit und beschloss, die nächste Frage zu stellen. Letztendlich blieb es aber dabei, der Türke behauptete Unmögliches und log offensichtlich tatsächlich derartig, dass sich die Balken bogen.“

§

DER TRICK DES GENERALDIREKTORS

1985: Der Prozess gegen die VOEST-Tochter Intertrading, die über zwei Milliarden Schilling an Privatgeldern im Erdölgeschäft verspekuliert hatte, schlägt hohe Wellen in den Medien. Der damalige Generaldirektor Dr. Richard Kirchweger, der sich komplett vor der Öffentlichkeit verschanzt hatte, sollte im Zuge eines arbeitsrechtlichen Entlassungsprozesses vernommen werden. An diesem Tag war die gesamte Presse vor dem Gericht versammelt, alles wartete auf die Ankunft des Generaldirektors.

„Doch genau der kam und kam nicht. Irgendwann meldete er sich telefonisch, er hätte eine Wirtschaftsdelegation aus Uganda zu betreuen, außerdem einen wichtigen Termin und blablabla. Mit einem Wort: Er konnte nicht erscheinen. Es wurde beschlossen, den Termin zu vertagen, und die Journalisten rauschten ab. Im Zug des anschließenden prozessualen Geplänkels rief ich Dr. Kirchweger noch einmal an, um einem neuen Termin zu vereinbaren. Als er erfuhr, dass die Einvernahme nicht länger als eine halbe Stunde dauern würde, sagte der Generaldirektor, er könnte sich doch sofort auf den Weg machen und würde in wenigen Minuten im Gericht eintreffen.

So hatte der Generaldirektor die Presse ausgetrickst, und sich erneut erfolgreich vor der Öffentlichkeit gedrückt, was mir allerdings erst im Nachhinein voll bewusst wurde."

§

DIE WEGGESPERRTE OMA

„Das ist mir sehr schwer gefallen: Ich musste eine Großmutter, die ihr Enkelkind nicht herausgeben wollte, in Beugehaft nehmen. Nicht nur, dass das eine Premiere für mich war – Zivilrichter sperren nämlich nur sehr selten jemanden ein, und ich hatte das zuvor überhaupt noch nicht machen müssen – es ist mir einfach sehr unangenehm gewesen. Die ganze Zeit über musste ich an die 80-jährige Dame denken, die wegen meiner Entscheidung, die allerdings berechtigt und unumgänglich war, dann mit Drogendealern und Prostituierten hinter Gitter saß."

Bild nächste Seite:
Honoré Daumier: Ihr Ehebruch,
den werden wir Ihrem Mann zuschieben

Mag. S.
Zivilrichterin
BG Klagenfurt

„Es gibt keinen Hammer!"

Dieses Interview erfolgt ebenfalls telefonisch, da die Entfernung für mich und die Richterin irgendwie unüberbrückbar war.
Mag. S. ist 44 Jahre alt, verheiratet und hat zwei Kinder. Sie stammt ursprünglich aus Graz, ist derzeit in Klagenfurt tätig, wohin sie nach der Richteramtsprüfung ihre erste Ernennung führte, und arbeitet nun seit 1992 als Richterin. Nach sieben Jahren Familienrecht und Jugendstrafsachen ist Mag. S. jetzt für Zivilrecht und weiters für Unterbringungen in Psychiatrien zuständig.

„Eine Anhaltung – ohne Zustimmung des Patienten – darf ohne Kontrolle nicht mehr als drei Tage dauern, also muss ich regelmäßig ins Krankenhaus fahren und die Lage überprüfen. Erkläre ich die Unterbringung für zulässig, zunächst einmal für maximal 14 Tage, wird ein Sachverständiger bestellt, der ein psychiatrisches Gutachten erstellt. Dann gibt es eine oder zwei Wochen später eine weitere Verhandlung mit dem Patienten und dem Sachverständigen, in welcher eine neuerliche Überprüfung der Situation stattfindet.

Diese eher untypische Abteilung des Gerichts ist in der Öffentlichkeit beinahe unbekannt, kaum jemand weiß, dass es pro Jahr rund 1400 solcher Anhaltungen, quer durch alle sozialen Schichten, allein in Klagenfurt gibt – allerdings für ganz Kärnten. Von manchen Kollegen wird diese Arbeit eher milde belächelt und nicht so ganz ernst genommen, meiner Ansicht nach ist sie aber sehr wichtig. Einerseits um Menschen vor ungerechtfertigten Anhaltungen – dabei handelt es sich immerhin um Freiheitsentzug – zu schützen, andererseits weil man einen sehr tiefen und realistischen Einblick in das wahre Leben bekommt."

Nach dem Studium – und auch hin und wieder währenddessen – hat Mag. S. bei einem Anwalt gearbeitet, fasste aber recht bald den Entschluss, Richterin zu werden. „Ich finde die Unparteilichkeit dieses Berufs faszinierend und kann mir bis heute nicht vorstellen, als Anwalt eine Person zu verteidigen, von der ich annehmen muss, dass sie schuldig ist. Ich finde es viel wichtiger, Menschen zu helfen, ihnen eventuell die Augen zu öffnen, sodass sie ihre Sichtweisen überdenken und somit auch zu anderen

Lösungen kommen können. Und das ist in meiner Position möglich."
Mag. S. arbeitet in einem modernen Gebäude in zentraler Lage, das erst vor zwei Jahren erbaut wurde, und schätzt vor allem die Sicht durch die Glasfront auf eine nahe gelegene Grünanlage. „Mit einem Blick auf den Park und die dort spielenden Kinder kann ich mich zwischendurch ein wenig entspannen und den Kopf frei bekommen."
Das Zivilrecht, so Mag. S., hat eine enorme Bandbreite, beispielsweise die Klage bei verpfuschten Schönheits-OPs oder „falschen" Tierarztbehandlungen, Bauprozessen (Mängel, Gewährleistung), Vertragsauslegungen, oder bei Verkehrsunfällen. „Das wird dann oft ganz schön kompliziert mit all den Zeugen und den Sachverständigen."
Zweimal pro Woche wird verhandelt, entweder im Verhandlungssaal, oder bei Besitzstörungsklagen beziehungsweise Grundstreitigkeiten an Ort und Stelle. Einmal pro Woche geht Mag. S. ihrer Tätigkeit in der Psychiatrie nach, und die restliche Zeit werden Akten bearbeitet und Urteile geschrieben. „Eine gute Vorbereitung auf die Verhandlung erfordert zwar viel Aufwand, ist aber enorm wichtig. Ist man nicht genau im Bilde was das Geschehene oder die rechtliche Seite betrifft, kann es passieren, dass eine Schlichtung oder ein Vergleich aus diesem Grund nicht gelingt."
Mühsam sei auch, dass viele Beklagte sich keinen Anwalt leisten können (Anwaltszwang herrscht erst ab derzeit 5.000 Euro Streitwert), und so müsse der Richter quasi die Vertretung für eine Partei übernehmen. „Der Richter hat somit eine Doppelfunktion zu erfüllen: Einerseits bin ich

Entscheidungsorgan, andererseits muss ich die Interessen der unvertretenen Partei wahrnehmen und diese entsprechend belehren." Zusätzlich würden Rechtsschutzversicherungen, die heute schon fast jeder besitzt, Verfahren oft enorm komplizieren, denn gäbe es diese Art der Versicherung nicht, käme es in vielen Fällen erst gar nicht zu einer Klage. „Aber so wird prozessiert ohne Rücksicht auf Verluste, damit sich die Beitragszahlungen auch mal rentieren."
Mag. S. sagt von sich selbst, sie sei eine strenge und äußerst konsequente Richterin (was mich sehr verwundert, da sie sehr nett, humorvoll und freundlich am Telefon klingt – aber ich stehe ja auch nicht vor Gericht, sondern führe nur ein harmloses Interview). „Manche sagen auch stur dazu", lacht sie. „Vor allem wenn Parteien uneinsichtig sind, werde ich ein wenig böse. Allerdings kann ich auch sehr verständnisvoll und einfühlsam sein. Wichtig ist es einfach, lösungsorientiert zu arbeiten, und das Ergebnis muss für mich vom Gefühl her passen."
Grundsätzlich bekämen die Basiseigenschaften, die jeder Mensch in den Beruf mitbringe, mit der Zeit und Lebenserfahrung mehr Schliff, einige würden an Bedeutung gewinnen – wie beispielsweise die Fairness –, andere hingegen verlieren, wie Ehrgeiz und Erfolg. Die Ausbildung bereite allerdings in keinster Weise auf die Praxis vor. Wie man als Richter ab einem gewissen Alter agiere, ergebe sich aus der Selbstkritik und der Entwicklung des eigenen Charakters.
„Und wie gehen Sie mit Emotionen um? Die Herren Kollegen sind eher verständnisvoll als mitleidig, aber vielleicht ist das bei Frauen anders?"

„Nein, ich denke nicht“, antwortet mir Mag. S. nach einigen Sekunden des Nachdenkens, „generell sind Zivilrichter ohnehin weniger emotional als Strafrichter. Bei uns geht es aber auch eher ums Geld, als um echte Leidensgeschichten, und wir haben generell auch nur sehr kurzen Kontakt zu den Parteien. Bei Mitleid in unserem Job besteht die Gefahr, aufgefressen zu werden, und das kann sich keiner von uns leisten, egal ob männlicher oder weiblicher Richter. Aber Verständnis haben die meisten von uns tatsächlich, wie im Fall von Mutproben im Freundeskreis, etwa wenn ein Jugendlicher Kaugummi stehlen muss, um in der Clique aufgenommen zu werden. Allerdings hilft ihm mein Verständnis dann auch nicht weiter, denn an die Regeln muss sich nun mal jeder halten, und die Konsequenzen seines Verhaltens wird er tragen müssen.“

Ich frage nach, ob Mag. S. auch privat Richterin ist.

Lachend meint sie: „Naja, es passiert mir schon recht häufig, dass ich zu Hause einen ebenso energischen und resoluten Ton anschlage wie im Gerichtssaal, aber da tadle ich mich dann gleich selbst dafür. Außerdem bin ich unbewusst auch daheim sehr entscheidungsfreudig und ungeduldig, weil ich es gewohnt bin, das Ruder an mich zu reißen.“

„Wie gerecht sind richterliche Entscheidungen ihrer Meinung nach?“, möchte ich nun wissen.

„Naja, hier geht es um die Rekonstruktion eines Sachverhalts, gewinnen kann nur der, der etwas beweisen kann – zu hundert Prozent gerecht kann das eigentlich kaum sein. Früher hatte ich damit häufiger Probleme, da war ich noch jung und diesbezüglich idealistisch“, lacht Mag. S. „Heute halte ich mich an die Fakten und denke, dass ich damit meist richtig liege. Allerdings passiert es mir schon auch, dass ich in der Nacht aufwache und mir denke: ‚So kann es nicht gewesen sein.' Dann macht es mich froh, dass ich noch nicht so abgehärtet bin und meine Fälle nicht einfach nur abarbeite."

Das Zivilrecht sei auf jeden Fall sehr spannend, weil man im Lauf der Zeit auch aus anderen Bereichen viel dazu lerne, wie Wissenswertes aus der Medizin, dem Baurecht und anderem mehr. Das sei privat oft sehr praktisch, wenn man sich da auskennt.

„Mein Beruf ist auch deshalb so erfüllend für mich, weil man eine sehr große Verantwortung und viel Kontakt zum Volk hat, und auch etwas bewirken kann. Vor allem im Familienrecht, das mein persönliches Steckenpferd ist."

Die Richterin lacht fröhlich, und ich habe einmal mehr den Eindruck, dass unter den meisten Talaren sehr mitfühlende Menschen stecken.

Möchte Mag. S. noch etwas hinzufügen?

„Ja! Bitte teilen sie ihren Lesern unbedingt Folgendes mit: Es gibt keinen Hammer! Man hat zwar einen Talar an, aber kein Richter in Österreich klopft, wie man es aus dem Fernsehen kennt, dauernd mit einem Holzhammer auf den Tisch und ruft: ‚Ruhe im Gerichtssaal!' Und Floskeln wie ‚Einspruch', ‚stattgegeben', ‚abgelehnt' usw. existieren bei uns ebenfalls nicht!"

§

DIES UND DAS AUS DEM GERICHTSSAAL

Hier folgt nun eine Zusammenfassung skurriler Begebenheiten aus dem Arbeitsalltag von Mag. S.:

„Einmal hatte ich eine äußerst seltsame Besitzstörungsklage zu bearbeiten: Es handelte sich bei den Parteien, beide aus derselben Familie stammend, um sehr wohlhabende Leute, noch dazu um echte Exzentriker. Die Mutter und ihr alter Hund klagten ihre Tochter und deren jungen Hund – und umgekehrt. Hintergrund war, dass die Kinder versucht haben, Mutter und Vater zu entzweien und im Verfahren die gesamte Familiengeschichte aufrollen wollten. Es kam zu einem ziemlichen Krach, keiner gab nach. Ich fällte ein Urteil, und es war für mich erschütternd, dass man derartige Dinge auf diese Art und Weise im Gerichtssaal austragen musste und nicht normal miteinander reden konnte. In meinen Augen gab es nur Verlierer.

Ein unterhaltspflichtiger Vater holte sein Kind den Sommer über zu sich, und es erschien ihm angebracht, seinem Sprössling während dieser Zeit ein Paar Socken zu kaufen. Nach dem Aufenthalt wollte er seine Auslage bei seiner Ex-Frau einklagen, weil diese ihm das Geld nicht geben wollte. Das Argument des Vaters lautete, dass er ohnehin Unterhalt zahle, und nicht auch noch für Socken aufkommen müsse.

Fassungslos habe ich dem Mann daraufhin die damals 20 Schilling aus meiner Geldbörse angeboten, da ich es nicht fassen konnte, dass er wegen einem Paar Socken die Mutter seines Sohnes verklagen wollte. Er sah dann ein, dass er den Bogen doch etwas überspannt hatte, lehnte die 20 Schilling von mir ab, klagte die Mutter nicht und hatte hinkünftig mit dieser auch ein besseres Einvernehmen.

Ein anderes Mal hatte ich einen ungebetenen Gast im Verhandlungssaal: Ich saß am Richtertisch, vor mir – damals noch stehend – befand sich eine Beschuldigte, die sich wild gestikulierend rechtfertigte. Während ich ihr interessiert zuhörte, fiel mir plötzlich auf, dass sich unter dem Sweatshirt der jungen Frau etwas bewegte. Ich wollte den Redefluss jedoch nicht unterbrechen und harrte der Dinge, die da kommen würden. Wenige Sekunden später schaute ein kleiner Kopf aus dem Halsausschnitt, gleich darauf krabbelte eine ziemlich fette Ratte aus dem Shirt und wanderte auf die rechte Schulter der Beschuldigten. Obwohl mir ein wenig gegraust hat, ließ ich den tierischen Gast zu, verkündete allerdings, dass sich die Ratte vom Körper der Frau nicht entfernen dürfte – beide, das Tier und die Besitzerin, hielten sich an meine Anordnung, und so durfte das Nagetier der Verhandlung weiter beiwohnen."

Bild nächste Seite:
Honoré Daumier: Meine Herren Kollegen, warum streitige Verhandlung?

h.D.

Dr. Kurt Marschall
und Mag. L. **Zivilrichter**
LG Wiener Neustadt

„Man darf den Menschen hinter den Fällen nicht vergessen."

An einem wunderschönen Oktobertag spaziere ich vom Bahnhof Wiener Neustadt durch den idyllischen Stadtpark Richtung LG. Einmal muss ich nach dem Weg fragen, da der Orientierungssinn leider bei mir sehr schwach ausgeprägt ist. Als ich den Park verlasse, sehe ich vor mir ein Kreisgericht, was leichte Panik in mir hochkommen lässt, da ich fürchte, vor dem falschen Gebäude zu stehen. Eilig trete ich durch das Tor und frage vor der Sicherheitsschleuse, ob hier die beiden Richter L. und Marschall zu finden seien. Nachdem mir dies bestätigt wird, atme ich zuerst einmal erleichtert auf und betrete dann die Sicherheitszone. Wie auch am LG Wien werde ich minutenlang gefilzt, bevor ich mich auf den Weg zu meinen beiden Interviewpartnern machen darf (aus meiner mitgebrachten Mineralwasserflasche muss ich hier allerdings nicht trinken). Im Zimmer von Mag. L. werde ich von einem kleinen, schwarzen Hund und einer jungen Dame in Empfang genommen. Mir wird – von der jungen Dame, nicht vom Hund – gesagt, dass der Richter sofort kommen würde. Ich streichle den zotteligen Spitz, als Mag. L. auch schon den Raum betritt. Zuerst denke ich, es handle sich um jemand anderen, da ich mir den Richter etwas älter und distinguierter vorgestellt habe. Vor mir steht ein freundlich lächelnder und trotz seiner Glatze sehr jugendlich wirkender Mann in Jeans plus Lederjacke. Er wird überschwänglich von dem Hund begrüßt, der zu ihm gehört, wie sich herausstellt.

Mag. L., der Spitz namens Zorro und ich beschließen, Dr. Marschall von seinem Zimmer abzuholen und in ein Kaffeehaus zu gehen.

Gesagt getan, Minuten später marschieren wir zu viert durch die Stadt und betreten nach dem kleinen Spaziergang das Café Wenninger.

Zuerst einmal will ich wissen, warum das LG Kreisgericht heißt und bekomme die Erklärung, dass das Gebiet zwischen Bezirken und Fürstentümern früher Kreis hieß und die dort ansässigen Gerichte eben Kreisgerichte genannt

wurden. Ein LG gab es damals nur in den Landeshauptstädten. Nach der Vereinheitlichung 1993 gibt es keine Unterschiede mehr, doch die Gebäude, die unter Denkmalschutz stehen, tragen immer noch die alte Bezeichnung.
„Unseres in Wiener Neustadt heißt aber so, weil vor dem Haus ein Kreisverkehr ist", witzelt Dr. Marschall, ein gemütlich wirkender, weißbärtiger Richter, der vor Drucklegung dieses Buches in Pension ging.
Der 60-Jährige wollte ursprünglich Anwalt werden, doch sein Ausbildner am Handelsgericht meinte, dass der Richterberuf besser zu ihm passe. Nach Umwegen über Ebreichsdorf, Kirchschlag, Aspang und Neunkirchen landete Dr. Marschall 1985 als Zivilrichter in Wiener Neustadt.
Er lege großen Wert auf die äußere Form, verhandle deshalb auch meist im Talar, da die Parteien sehen sollen, dass sie vor Gericht sind.
„Den Talar tragen wir allerdings nur im Verhandlungssaal, doch es gibt Richter, die laufen auch auf der Straße herum wie Batman", wirft Mag. L. grinsend ein.
Streng sei er nicht, fährt nun Dr. Marschall fort, aber korrekt. „Doch ich habe Verständnis für menschliche Schwächen – je älter ich werde, desto mehr –, und wenn es einen Spielraum gibt, was seltener der Fall ist, übe ich Nachsicht. Man darf halt den Menschen hinter den Fällen nicht vergessen. Mitleid ist allerdings nicht angebracht, hätten wir das, bräuchten wir bald psychiatrische Betreuung."
„Wie wirkt sich das Verhalten eines Beschuldigten auf das Urteil aus?", frage ich nach.
„Manchmal ärgert man sich schon sehr über die Leute, vor

allem dann, wenn sie respektlos sind, das darf allerdings nicht in die Entscheidung mit einfließen. Wenn einer aber irgendwelche völlig an den Haaren herbeigezogenen Gschichtln erzählt und mich für dumm verkaufen will, wird das in der Beweiswürdigung seinen Niederschlag finden. Sympathien oder Antipathien spielen keine Rolle."

Als Richter sei ihm wichtig, eine gerade Linie mit geregelten Abläufen zu fahren. Doch man könne sich immer nur grob an Sachverhalte annähern, denn jede von den Parteien geschilderte Tatsache sei natürlich subjektiv, was ein faires Urteil für beide beinahe ausschließe. „Aber Gerechtigkeit gibt es ohnehin nur im Himmel – und selbst das ist nicht sicher!"

Rasch erzählt mir Dr. Marschall noch von einem seiner Erlebnisse als Richter, dann muss er sich auch schon auf den Weg zu einem neuen Termin machen.

§

GOTT SEI DANK WAR ES MORD

„Es klingt makaber, aber einmal war ich froh, dass eine Frau ermordet wurde und sich nicht selbst das Leben nahm.

Als ich Vorsteher eines kleinen BG in Niederösterreich war, hatte ich es einmal mit einer Kinderzuteilung zu tun. Es gab mehrere Besprechungen mit den Eltern, und ich befand letztendlich, dass die gemeinsamen Sprösslinge beim Vater besser aufgehoben wären, da die Mutter überfordert

schien. Irgendwie kam es mir vor, als ob ihr die Kinder bald davonlaufen würden, und der Mann das bessere Händchen im Umgang mit den beiden Buben hatte. Das teilte ich der Mutter einen Tag vor der offiziellen Entscheidungsbekanntgabe mit – das war an einem Donnerstag. Am Freitag erschien die Frau nicht zu unserem Termin, obwohl sie bis dahin immer sehr zuverlässig gewesen war. Wenige Stunden später erfuhr ich, dass im Ort eine weibliche Leiche gefunden worden sei: Es handelte sich um eben jene Mutter, der ich die Kinder weggenommen hatte.
Das darauffolgende Wochenende war eines der schlimmsten meines Lebens, ich machte mir Gedanken, ob ich ihr die Entscheidung nicht so direkt oder vielleicht auch erst beim offiziellen Termin mit ihrem Ex-Mann hätte mitteilen sollen. Ich dachte wirklich, die Frau hätte aufgrund meiner klaren Worte Selbstmord begangen.
Am Montag ging ich gleich in der Früh zur Gendarmerie und erfuhr, dass die Mutter der Kinder ermordet worden war, was mich unheimlich erleichterte. Wenig später wurde der Mörder gefasst – er stammte nicht aus dem familiären Umfeld."

Dr. Marschall verabschiedet sich nun, und ich kann meine Aufmerksamkeit voll und ganz Mag. L. zuwenden, der mit seinem Hündchen Zorro auf dem Schoß dasitzt und mich abwartend ansieht.
Der 50-jährige Richter, der aufgrund seines sportlichen Erscheinungsbildes wesentlich jünger wirkt, flog mit 15 aus der Mittelschule in einem Internat und bekam dort sogar

Hausverbot. „Ich war wirklich kein einfacher Jungendlicher!“ Nach seiner Lehre zum Großhandelskaufmann war er acht Jahre lang Berufssoldat und wäre es noch heute, wenn er nicht nach einer Reihe hervorragender Vorgesetzter Ärger mit zwei „Blödianen von Kommandanten“ gehabt hätte, weshalb er beschloss, die Matura nachzuholen. Mit 26 Jahren begann er Jus zu studieren mit dem Ziel, Richter zu werden, „außer, ich hätte meinen damaligen Hund nicht ins Gericht mitnehmen dürfen“, da ihm die Verpflichtung einer Partei gegenüber (wie als Anwalt) nicht lag. „Das Heer zieht ja auch Machtmenschen an, daher war mein Berufswunsch auch logisch nachvollziehbar“, meint Mag. L. augenzwinkernd.

Nach seinem Gerichtsjahr in Wien wechselte er nach Wiener Neustadt, wo er bis heute als Zivilrichter tätig ist.

Die Aussage, dass Mag. L. am liebsten im Talar verhandelt, verwundert mich aufgrund seines „coolen“ Auftretens ein wenig, doch er erklärt: „Ich bin damit für alle ersichtlich ein Vertreter der Republik Österreich, meine Persönlichkeit als Mensch tritt hinter das Amt. So tun sich die Parteien leichter zuzuhören und meine Anregungen zu akzeptieren. Richter werden übrigens mit ‚Herr Rat‘ angesprochen, das wissen die wenigsten.“

Aufgrund seiner Bundesheer-Laufbahn schätze ich meinen Gesprächspartner als strengen Richter ein, doch ich scheine mich zu täuschen. „Ich agiere meist äußerst nachsichtig und verständnisvoll, da ich in meiner Jugend selbst viele Dinge gemacht habe, auf die ich nicht stolz bin. Ich war immer sehr dankbar, wenn mir jemand Verständnis entgegengebracht hat, und deshalb gebe auch ich gern jemandem eine zweite und dritte Chance – danach wird es aber auch mir zu blöd, dann muss ich eben hart durchgreifen. Allerdings hat mir meine Zeit beim Heer tatsächlich geholfen – was ich dort gelernt habe, erleichtert mir meinen Job ungemein. Man muss wichtige Entscheidungen treffen können, ohne lang zu diskutieren, und die anderen müssen einem vertrauen und wissen, dass man das Richtige tut. Und das ist im Richterberuf nicht anders."

Welche beruflichen Aufgaben fordern Mag. L. am meisten?

„Eine Einigung zwischen Streithanseln zu erzielen! Ich sehe mich eigentlich als Friedensrichter, versuche immer wieder, Verständnis bei einer Partei für die andere zu erwecken und umgekehrt. Und ich möchte, dass die Menschen einander zuhören und sich in diesen Momenten selbst zurücknehmen, denn wenn sie das schaffen, lösen sich viele Probleme von ganz allein, und man muss gar nicht mehr klagen. Denn es ist doch so, dass bei einer Streiterei oft der menschliche Konflikt viel schwerer wiegt, als der juristische – da spielen ganz oft Kränkungen und Missverständnisse eine Rolle. Wenn ich meinen Job gut mache, gelingt es häufig, dass Übereinstimmungen erzielt werden, ohne dass das Gesetz dabei strapaziert werden muss. Man darf nicht vergessen, dass in vielen Beziehungen zwischen zwei Parteien starke Emotionen im Spiel sind: Nehmen wir einen Bauherrn und einen Architekten. Ein Haus baut man meist nur einmal im Leben, da soll alles perfekt sein. Die vielen organisatorischen Erledigungen zehren an den Nerven, und kostenintensiv ist die Angelegenheit außerdem, meist ver-

schuldet man sich dabei, was auch schwer auf einem lastet. Während der Bauzeit stellt man dann vielleicht fest, dass etwas doch nicht so gut aussieht wie auf dem Plan, woraufhin der Architekt sagt, das könne man noch ändern, was aber mit höheren Kosten verbunden sei. Der Bauherr beschließt daraufhin, etwas anderes wegzulassen, damit der Preis für das neue Heim wieder stimmt. Am Ende steht dann vielleicht ein Haus, das so ähnlich aussieht wie der ursprüngliche Entwurf, und doch wieder nicht den Vorstellungen des Besitzers entspricht. Hat man die Änderungswünsche mit dem Architekten nicht akribisch dokumentiert und ist das Haus dann auch noch teurer als besprochen, kommt es garantiert zum Streit. Und da komme ich ins Spiel! Woher soll ich nun aber wissen, wer von beiden was wann genau gesagt, bestätigt oder versprochen und somit Recht hat – bin ich Tom Turbo?
Die wenigsten lügen bewusst, denke ich, aber das Erlebte verwäscht sich mit der Zeit, und je länger eine strittige Situation dauert, desto unzuverlässiger werden die Ausführungen. Besonders schwierig ist es auch bei Verkehrsunfällen: Da soll jemand unter Umständen viele Monate später über etwas berichten, das sich in Sekundenschnelle abgespielt hat – und ich bin dann gezwungen, eine Feststellung zu treffen, wie es nun wirklich war, was eigentlich unmöglich ist. Dazu muss man sich auch vorstellen, dass man in Wien aufgrund des starken Verkehrs keinen Lokalaugenschein, also eine Veranschaulichung des Geschehnisses vor Ort machen kann. Da wird dann im Gerichtssaal ein Plan der Unfallstelle aufgelegt und mit winzigen Autos die Szene

nachgespielt, wie es sich – angeblich – zugetragen hat. Ein Richter muss dann tatsächlich so etwas wie ein Voodoo-Priester sein, wenn er da Schuld, Mitschuld oder Unschuld hundertprozentig feststellen soll."

„Und wie kann man sich dann sicher sein, vor Gericht gerecht beurteilt zu werden?", frage ich nach.

„Man kann sich nicht sicher sein", redet Mag. L. nicht lang um den heißen Brei herum, „zumindest nicht bei Verfahren, in denen es nur auf Aussagen von Parteien und Zeugen ankommt. Aber genauso wichtig wie ein gerechtes Urteil ist es, dass der Streit einmal zu Ende geht. Und ich steh auf dem Standpunkt, dass irgendwann auch mal Ruhe sein muss, und dann fälle ich ein Urteil, das zugegebenermaßen nicht unbedingt immer richtig oder gerecht sein muss. Aber ich bin eben auch nur ein Mensch! Und wie schon erwähnt, ich sehe meine Hauptaufgabe in der Stiftung von Frieden. Natürlich ist auch klar, dass nie beide Parteien gewinnen können, entweder einer verliert, oder beide."

„Und tendiert man, wenn man sich schon nicht sicher ist, dann vielleicht dazu, der sympathischeren Partei Recht zu geben?"

„Sympathie spielt auf jeden Fall eine Rolle, auch wenn das nicht jeder Richter zugibt. Aber das ist doch ebenfalls menschlich. Man rationalisiert automatisch und hält dann eher die unsympathische, vielleicht auch noch ungut auftretende Person für den Lügner. Es ist dann einfach wichtig, sich selbst genau zu beobachten und die eigene Motivation zu hinterfragen, warum man dem einen glaubt, und dem anderen nicht."

Wir machen eine kurze Pause und ich bestelle neue Getränke, während der Richter mit seinem Hund kuschelt. Zorro, lasse ich mir erklären, ist ein großer Kleinspitz, und wurde aus einer spanischen Tierauffangstation gerettet. Als der Hund sich wieder zufrieden grunzend zu unseren Füße einrollt, setzen wir das Interview fort.
„Bei welchen Fällen wird denn am meisten gestritten, gelogen und betrogen?"
„Wenn es um Erbschaften geht, höre ich die wildesten Geschichten", lacht Mag. L. „Manche Menschen denken einfach, sie hätten aus verschiedensten Gründen einen Anspruch auf das Geld eines Verstorbenen. Wenn eine ältere Person niemanden hat, wenn die Kinder vielleicht im Ausland leben, jemand schenkt diesem Menschen Aufmerksamkeit und ist für ihn da, heißt das noch lang nicht, dass der erbberechtigt ist, denn das bleiben natürlich die Kinder – außer im Testament steht etwas anderes. Einmal stritten sich bei mir ein Nachbar und eine Putzfrau um die Eigentumswohnung einer Verstorbenen, die sie nur wenige Monate gekannt hatten. Einer konnte ein Testament vorweisen, der andere einen Schenkungsvertrag. Die alte Dame hatte für ein bisschen Zuwendung jedem ihr ganzes Vermögen zugedacht. Was soll ich als Richter da sagen? Letztendlich kam ein Vergleich zustande."
Unglaubliche Sachen kommen dem Richter auch zu Ohren, wenn es um Ausreden geht, warum man nicht vor Gericht erscheinen kann. „Aber da weiß ich mir schon zu helfen! Wenn sich einer öfter krank meldet, habe ich auch schon, ohne meinen Namen oder meine Funktion zu nen-

nen, in der Firma dieser Person angerufen und mich zu ihr verbinden lassen. Natürlich war sie da und hat dann herum gestottert, dass sie nur schnell Akten holen wollte, um sie zu Hause im Bett bearbeiten zu können. Der Betroffene hat dann die Wahl, sofort zu Gericht zu kommen oder eine saftige Ordnungsstrafe auszufassen."
Nun möchte ich noch etwas zu über den Fall Abrosi wissen, der derzeit das Wiener Neustädter LG beschäftigt, und ob es sich dabei womöglich um einen Justizirrtum handelt.

§

DER FALL FRANZ AMBROSI
(Stand per Ende November 2009)

Bei dem aktuellsten Fall eines möglichen Fehlurteils in Österreich handelt es sich um den versuchten Mord an einer Frau aus Mödling in Niederösterreich. Der Täter soll laut Aussage des Opfers der eigene Ehemann Franz Ambrosi sein. Er soll versucht haben, die Frau zu erwürgen. Der 40-jährige Elektriker ist am 17.12.2007 am LG Wiener Neustadt von acht Geschworenen für schuldig befunden und rechtskräftig zu 12 Jahren Haft verurteilt worden.

Aussage der Ehefrau: Am Abend des 28. Juni 2007 gerät ein Ehestreit zwischen Franz und ihr völlig außer Kontrolle. Ihr Mann versucht sie zu erwürgen, sie wehrt sich mit einem Küchenmesser und sticht ihn viermal in den Rücken.

Aussage von Franz A.: Er kommt gegen 23 Uhr nach Hause und wechselt ein paar Worte mit seiner Ehefrau, die vor dem Fernsehapparat sitzt. Da sie kurz angebunden ist, dreht er sich um und will den Raum verlassen, als er plötzlich von hinten attackiert wird und gleich darauf das warme Blut über seinen Rücken rinnen spürt. Franz A. wehrt seine Ehefrau ab, was die Würgemale an ihrem Hals erklärt.

Aufgrund eines neuen medizintechnischen Gutachtens (Untersuchung der Stichkanäle im Rücken von Franz A.), nach welchem der von der Frau geschilderte Tathergang in dieser Form nicht stattgefunden haben kann, ordnete das OLG Wien im Juni 2009 die Freilassung von Franz A. an, da der dringende Tatverdacht nicht aufrecht zu erhalten sei. Ein im Mai durchgeführter Lügendetektortest hatte den Beschuldigten zusätzlich entlastet.
Franz A. ist am 9. Juni nach 711 Tagen Haft aus der Justizanstalt Wiener Neustadt entlassen worden, die Staatsanwaltschaft hat angesichts der neuen Tatsachen das Ermittlungsverfahren wieder aufgenommen. Es soll nun geklärt werden, ob Anklage gegen die Ehefrau oder erneut gegen Franz A. erhoben wird.

Dazu Mag. L.:
„Im Verfahren Ambrosi ist noch alles offen und keineswegs sicher, dass ein Irrtum vorlag, vom Freispruch bis zu einer Verurteilung wegen Körperverletzung oder gar Mord ist noch immer alles möglich.
Es mag vorkommen, dass sich durch neue forensische Me-

thoden oder nachträglich auftauchende Beweismittel das eine oder andere Urteil objektiv als von falschen Voraussetzungen ausgehend erweist, der Großteil der Justizirrtümer kommt aber sicher dadurch zustande, dass es nur sich widersprechende Aussagen gibt. Stellen Sie sich nur vor, ein Kläger behauptet, dem Beklagten bares Geld geborgt zu haben, der Beklagte bestreitet dies jedoch vehement. Oder zwei Männer kommen mit je einem blauen Auge zu Polizei und beide behaupten, der jeweils andere hätte mit Handgreiflichkeiten begonnen …

Der Richter hat in beiden Fällen nur die Möglichkeit, dem einen, dem anderen, oder gar keinem zu glauben, beide Aussagen können – in der Regel – nicht stimmen. In diesen Situationen dient das Gerichtsverfahren einem Ziel, das auf derselben Ebene wie die Gerechtigkeit steht: der Erreichung des Rechtsfriedens. Das bedeutet, dass zum Schutz der Gesellschaft eine Streitigkeit einmal ein Ende finden muss, um das ewige Weiterschwelen eines Konflikts zu verhindern. Damit wird natürlich bewusst in Kauf genommen, dass auch falsche Urteile Bestand haben. Ich bin mir deshalb auch für mich darüber im Klaren und muss damit leben, dass ich bis zum Ende meiner Laufbahn, trotz besten Bemühens, eine gewisse – hoffentlich geringe, aber schließlich bin ich ja nicht Tom Turbo – Zahl an Fehlurteilen gefällt haben werde und unter Umständen Menschen ins Unglück stürze. Ich hoffe aber, dass insgesamt meine Tätigkeit dem Einzelnen und der Gesellschaft mehr nutzt, als es in wenigen Fällen schadet."

Konkrete Fälle aus seinem Gerichtssaal, von denen Mag. L. berichten will, stehen am Ende meines Interviews:

§

DIE ERSCHEINUNG

Herr M. und Frau K. stritten sich um ein sogenanntes Fahnengrundstück (lange, schmale Fläche, früher ein Weingarten und dann zu Bauland umgewidmet) mit Wohnhaus. Beide behaupteten, dass ihnen das Grundstück vererbt worden war. Frau K. ist eine Bekannte der Verstorbenen gewesen, Herr M. Mieter des Hauses.

Nachdem beide Erbansprüche nur dürftig unterlegt waren, einigte man sich nach einem langen Verfahren, das keine eindeutigen Beweisergebnisse brachte, darauf, das Grundstück zu teilen (um zu prüfen, ob das aufgrund der Form des Grundstückes überhaupt möglich war, brauchte man die Aussage eines Geometers), weshalb die Verhandlung für einen endgültigen Vergleichsabschluss vertagt wurde.

„Zu diesem erschienen die Parteien mit ihren Anwälten, wobei sich der Vertreter des Herrn M. sichtlich unwohl fühlte und mir mitteilte, dass laut dem Geometer geteilt werden konnte, der Vergleich aber dennoch nicht möglich war. Die Gründe dafür müsste sein Klient mir aber selbst mitteilen. Dieser erklärte mir dann, dass er den Vergleich zwar abschließen wollte, ihm aber die Verstorbene in der Nacht davor im Traum erschienen war und den Vergleichsabschluss verboten hatte. Erst nach meiner Feststellung, dass es überhaupt nichts änderte, dass die Verstorbene Herrn M. erschienen war – dass sie sich schon mir hätte zeigen und mitteilen müssen, wer nun erben sollte – wurde der Vergleich doch abgeschlossen."

§

KO(S)MISCHE STRAHLUNG

„In meinem Heimatort gab es eine zwar schrullige, aber sehr nette alte Dame, Erna G., die mich einmal in meiner Funktion als Richteranwärter an einem Amtstag aufsuchte. Verzweifelt bat sie mich um Rat: ‚Was soll ich nur tun, mein Nachbar, der Herr Gustaf S., will mich mit kosmischen Strahlen vergiften!' Bemüht ernst bleibend fragte ich nach, wie dieser schreckliche Anschlag denn vor sich ginge. ‚Da gibt es eine Stelle in der Wand zwischen unseren Wohnungen, die etwas dünner ist, und der Herr S. hat drüben bei sich genau dort so einen Apparat stehen, mit dem er mich bestrahlt.' Ich überlegte angestrengt, wie ich Erna G. beruhigen und das Problem lösen sollte, ohne den Nachbarn in die Sache hineinzuziehen und die Streiterei zu forcieren. Da kam mir blitzartig die rettende Idee: ‚Frau G., haben sie einen Schrank, in dem viele Kleidungsstücke hängen?' Die alte Dame nickte verwundert. ‚Dann stellen Sie den doch genau vor diese dünne Stelle in der Wand. Ich hab erst neulich in einem Magazin gelesen, dass die stärkste kosmische Strahlung keine Chance gegen volle Kleiderschränke hat.‘ Glücklich zog Erna G. von dannen und berichtete mir Tage später, dass die Maßnahme tatsächlich geholfen hatte und sie keinerlei Angst mehr vor der Strahlung und einer Vergiftung hätte.“

„Aber das war doch Quatsch, oder?“, frage ich sicherheitshalber nach. „Na klar“, lacht Mag. L., „aber es hat geholfen, und das ist die Hauptsache.

§

ZWEI ZÄUNE SIND BESSER ALS EINER

Ein Arzt und ein Rechtsanwalt wollten den Zaun, der ihre Grundstücke trennte, erneuern, wurden sich aber nicht einig, wer dies machen sollte und wie dieser auszusehen hätte. Der Zaun, der von einem der beiden danach ohne Absprache neu aufgestellt wurde, gefiel dem anderen nicht und war zudem auch wenige Zentimeter auf dessen Grundstück platziert. Er entfernte den Zaun, ohne den Nachbarn zu verständigen, und dieser reichte daraufhin Klage ein.
„In der Verhandlung wurde dann von den Parteien die kuriose Idee geboren, dass jeder auf seinem Grundstück einen eigenen Zaun aufstellt. Erst nach meinem Hinweis, dass man aufgrund der akademischen Titel davon ausgehen sollte, dass sie schon erwachsen seien und sich bei einer solchen Vorgehensweise in der Nachbarschaft wohl für Jahrzehnte zum Gespött machen würden, sprachen sie ernsthaft

und in Ruhe miteinander. Dabei stellte sich heraus, dass es eigentlich nur um einige Stellen an der Grundgrenze ging, wo jeweils der andere nicht so leicht hinüber sehen sollte. Nachdem dies durch die entsprechende Gestaltung des Zaunes gelöst worden war, verglichen sich die Parteien."

Nun ist das sehr entspannt abgelaufene Interview beendet, und ich werde von Mag. L. und Zorro noch ein Stück begleitet, bevor ich mich von dem „coolen" Richter und dem süßen Hund verabschiede und den Weg zum Bahnhof einschlage.

Bild nächste Seite:
Honoré Daumier: Der Staatsanwalt

Mag. S.
Staatsanwalt
LG Wien

„Meine Frau meint, ich sei durch meinen Beruf zynisch und misstrauisch geworden. Ich meine, das war ich schon immer."

Der 35-jährige StA aus Wien ist verheiratet und hat drei Kinder. Nach einer recht turbulenten schulischen Laufbahn hat er mit 21 Jahren in einer Maturaschule die Reifeprüfung mit Auszeichnung bestanden, danach absolvierte er das Studium der Rechtswissenschaften von 1995 bis 2001 (mit Bundesheerunterbrechung mangels

Erfolgsnachweis). Es folgte die Rechtspraktikantenzeit bei Gericht und das Übernahmeverfahren in den richterlichen Vorbereitungsdienst. „Obwohl ich gut im Rennen lag, war mir dann die Übernahme als Richteramtsanwärter zu unsicher – mein zweites Kind war unterwegs, und ich heuerte bei einem Rechtsanwalt an, der mich erstaunlicherweise nicht aussaugte. Nach 22 Monaten Dienst erhielt ich einen Anruf vom OLG Wien, ob ich denn nicht doch noch Richter oder Staatsanwalt werden wolle. Ich sagte zu, kündigte und wurde nach zwei weiteren mündlichen Prüfungen als Richteramtsanwärter übernommen. Nach Abschluss dieser Ausbildung war der erste Weg zur Staatsanwaltschaft Wien. Und hier schließt sich der Kreis zu meiner Jugendzeit, die ich in der Großfeldsiedlung verlebte: Mir war und ist kein menschliches Verhalten fremd – bezogen auf die Täter, nicht auf die dort arbeitenden Personen!"
Mag. S. führte ein Jahr lang eine allgemeine Abteilung. Sein Tätigkeitsfeld: sämtliche Eingriffe in die körperliche Integrität inklusive Mord, Nötigung, gefährliche Drohung, Freiheitsberaubung, Hausfriedensbruch, Sachbeschädigung, Einbruch, Diebstahl, Betrug, Veruntreuung, Untreue, Krida, Hehlerei, Geldwäscherei, Herbeiführung einer Feuersbrunst etc. Danach wurde der junge Staatsanwalt in die Wirtschaftsgruppe der StA Wien gerufen, in der er seit Oktober 2007 für Finanzstrafsachen wie Abgabenhinterziehung, Schmuggel und Hinterziehung von Eingangs- und Ausgangsabgaben, allgemeine Delikte wie große Kridaverfahren, Anlagebetrugsverfahren mit mehreren hundert Geschädigten, Sozialbetrug in großem Stil, etc. zuständig ist.

Mag. S. ist ein Frühaufsteher, er beginnt etwa gegen sieben Uhr und arbeitet manchmal bis zu 12 Stunden. „Bezahlte Überstunden gibt es nicht! Man bekommt genau das, was im Gesetz steht – sämtliche Mehrleistungen sind damit bereits abgegolten. Böse Zungen behaupten auch, dass wir die besthonorierten Aktenträger sind, da wir aus finanziellen Gründen leider nur wenig Zusteller beschäftigen – nämlich fünf auf 91 Staatsanwälte, die auf drei Stockwerke aufgeteilt sind."

Nach einem Blick auf die Intranet Seiten, ob neue Vorstandsverfügungen ergangen sind oder neue Rechtssätze (das sind stark zusammengefasste Entscheidungen des OGH oder der GP) eingestellt wurden, werden Akten gewälzt und schriftliche Anordnungen (inklusive Begründung) getroffen, welche Grundrechte, Hausdurchsuchungen, Telefonüberwachungen, Kontenöffnungen und Festnahmen betreffen. Kommen die Anordnungen vom Gericht zur Bewilligung des Grundrechtseingriffs mit einem Okay zurück, werden diese an die Polizei gefaxt, die dann die Handlung vornimmt.

„Dieser Vorgang kann natürlich lang dauern, da Grundrechtseingriffe in heiklen Akten wohlüberlegt sein müssen." Ist ein Sachverhalt ausreichend geklärt, werden Anklagen diktiert, die auch – je nach Aktenumfang – Tage in Anspruch nehmen können, „wie beispielsweise ein Kreditbetrüger-Akt mit 45 Beschuldigten und 100 Fakten, ist gleich Straftaten, nimmt für die Enderledigung zirka eine Woche in Anspruch", erklärt Mag. S. „Disziplin ist in unserem Beruf besonders wichtig: Man sitzt vor drei Kisten

mit Akten und muss eine Anklage machen – im besten Fall hat man die Ermittlungen selbst geführt und kennt den Akt bereits, im schlechtesten Fall wurde einem der Akt zur Enderledigung übertragen und man fängt bei null an. Wer hat dann schon Lust reinzuschauen? Aber da muss man durch."
Daneben sind noch mehrere Telefonate mit Anwälten, Polizei, Steuerfahndung oder Finanzamt, mit welchen die weitere Vorgehensweise abgesprochen wird, zu führen. „In der Regel hat man acht bis zehn Großverfahren im Kopf und leitet die Ermittlungen." Mindestens einmal pro Woche wird ein StA dazu eingeteilt, bei einem Richter in der Hauptverhandlung die Anklage zu vertreten.
„Das Schöne an dieser Arbeit ist, dass man nie weiß, was einem der Tag bringt."
Und diese (Arbeits-) Tage verbringt auch Mag. S. im *Grauen Haus* (LG für Strafsachen Wien). „Seinen Namen verdankt das Gebäude den früher grauen Anstaltsuniformen der Häftlinge, nicht den Menschen, die heute dort arbeiten!", witzelt der freundliche StA.
„In das Gerichtsgebäude ist die Justizanstalt Wien Josefstadt, das Gefangenenhaus des Gerichts, integriert. Dort wohnen zeitweise bis zu 1.200 Personen, obwohl die Justizanstalt nur für 900 ausgelegt ist."
Von Mag. S. bekomme ich nun auch eine Beschreibung der Verhandlungssäle: „Sie sind in den 80er Jahren eingerichtet worden und teilweise vertäfelt. Die Richterbank ist erhöht, rechts vom Richter sitzt die StAin/der StA, links der Verteidiger oder die Verteidigerin. In der Mitte steht ein kleiner Tisch, davor ein unbequemer Sessel auf dem Angeklagte

und auch Zeugen während ihrer Einvernahme Platz nehmen müssen. Dahinter befinden sich einige Sitzreihen für die Kiebitze."

Beeindruckt von der konsequenten Nennung beider Geschlechter bei den Juristen frage ich im selben „Stil" nach, ob eine StAin/ein StA eigentlich auch im Talar verhandelt, und erfahre, dass die Bekleidungsvorschriften dieselben sind wie bei den Richtern und Richterinnen, nur dass der Talar des StA oder der StAin rote Aufsätze besitzt.

Das ist ein wenig mühsam, denke ich, und formuliere die nächste Frage ein wenig anders: „Und streiten die Vertreter der Staatsanwaltschaft und der Verteidigung eigentlich tatsächlich so viel, wie man es aus Filmen und Gerichtsshows kennt?"

„Ich streite schon", lacht Mag. S., „leider werden ich und die Verteidigung da aber immer vom Richter unterbrochen. Aber so spektakulär wie im TV dargestellt, ist das sicher nicht."

Da ich Mag. S. ebenfalls telefonisch interviewe, daher bei mir zu Hause und nicht in seinem Büro sitze, bitte ich gleich noch um eine Beschreibung seines Arbeitsraumes.

„Mein Büro ist ungefähr 15 Quadratmeter groß und rosa – Letzteres aber nur deshalb, weil die Aktendeckel rosa sind und diese die Überhand bei der Einrichtung gewonnen haben. Das ist übrigens ein versteckter Hinweis auf die Arbeitsüberlastung." Ich muss lachen und denke, besser Rosa als eine düstere Farbe. Aber vielleicht empfindet man als Mann Rosa auch als Zumutung. „Ansonsten gibt es nicht viel zu sehen", fährt Mag. S. fort, „außer einem PC und einem Druk-

ker, jede Menge Rechtsliteratur, zwei Aktenschränke und einen Besprechungstisch mit vier Sesseln, den ich aber als Ablageplatz für Akten missbrauche. Mein Fenster führt in einen Innenhof … und ich habe keine Klimaanlage. Im Sommer schafft man es auf ca. 29 bis 30 Grad! Würdige Arbeitsumstände also für einen Bundesbediensteten!"
Nun kommt auch Mag. S., wie bereits alle anderen vor ihm, nicht um eine Selbstbeschreibung herum. Und ich will wissen, warum er sich gerade diesen Job ausgesucht hat.
„Ich wollte nicht immer Staatsanwalt werden, doch ich wurde von meinem Ausbildungsrichter dazu überredet. Ich denke, dass ich aufgrund meiner Lebenserfahrung für diesen sensiblen Bereich am besten geeignet bin. Und es ist äußerst angenehm, dass man nur dem Gesetz verbunden ist und nicht einem launenhaften Mandanten oder Chef.
Im Prinzip bin ich ein strenger, aber sehr korrekter Staatsanwalt, und einer der wenigen, die im Schlussplädoyer auch für Freispruch plädieren, wenn das Beweisverfahren nicht mit der für das Strafverfahren erforderlichen Sicherheit die Schuld des Angeklagten hervorbrachte, frei nach dem Motto: ‚Was es wiegt, das hat es'! Wichtig ist natürlich auch der – schwarze – Humor, ohne den schafft man den Job nicht. Meines Erachtens ist das Lachen über Fälle die beste Art, mit der allgegenwärtigen Gewalt und dem ‚Bösen' umzugehen, es zu verarbeiten und auf diese Weise auch für sich selbst zu bagatellisieren."
„Und spielt Mitleid eine Rolle? Oder andere Emotionen?"
„Manchmal – wenn die Begründung gut ist – habe ich Verständnis für ein strafgesetzwidriges Handeln, aber mein

Mitleid ist definitiv für die Opfer reserviert. Ich bin allerdings auch dafür bekannt, dass ich in der Hauptverhandlung hochgehe. Das aber nur dann, wenn ich den Eindruck gewinne, der Täter sieht das Unrecht seiner Tat nicht ein und macht sich vielleicht auch noch lustig über den Prozess oder das Opfer."

„In welcher Weise hat Sie Ihr Beruf verändert?"

„Meine Frau meint, ich sei zynisch und misstrauisch geworden. Ich meine, dass war ich schon immer. Irgendwann gab sie mir zu verstehen, dass sie an meinen Gschichtln aus der Arbeit nicht interessiert sei und dass sie das alles gar nicht wissen will. Seitdem versuche ich, nicht über die Arbeit zu sprechen und die Akten nach dem Verlassen des Büros aus meinem für soziale Beziehungen zuständigen Bereich des Gehirns auszusperren.

Um auf die Veränderung zurückzukommen: Man wird auf jeden Fall vorsichtiger und paranoider. So halte ich alle Familienmitglieder an, stets die Wohnungstüre zu versperren, keine wertvollen Gegenstände im Auto liegen zu lassen etc. Diese Vorsicht hat allerdings sicher ihre Wurzel in den Erfahrungen, die man am Arbeitsplatz sammelt. Bezeichnend dafür ist folgende Geschichte, die mir ein Anwalt erzählte: ‚Der Mann, der mich dafür bezahlt, dass ich einen Straftäter verteidige, hat mich gefragt, was ein Staatsanwalt in Österreich kostet. Ich antwortete ihm, dass sich Staatsanwälte in Österreich nicht kaufen lassen. Er fragte daraufhin, was es kostet, wenn man den Staatsanwalt ganz weg macht. Ich erwiderte, dass das keine gute Idee wäre, weil dann ein noch strengerer nachkäme, und es wäre nichts gewonnen. Darauf kam die Frage: Was kosten Richter?‘ Manche Gruppen haben einfach einen anderen Zugang zu Recht und Ordnung und eine andere Wertvorstellung – Menschenleben zählen in manchen Kulturkreisen nicht besonders viel.“

Nun kommen wir zu einigen Begebenheiten aus dem Arbeitsalltag von Mag. S., dann ist das Interview beendet.

§

WENN, DANN GLEICH

Ein 29-jähriger Mann ist angeklagt, weil er seine Mutter mit Fäusten und Fußtritten so lange gequält hat, bis sie bewusstlos wurde. Laut psychiatrischem Gutachten ist er paranoid schizophren. Sachverhalt: Ostersonntag, Mittagessen mit Oma, Mama und Sohn. Der Sohn sagt zu seiner Mutter, dass er einen Ventilator für seine Wohnung braucht, weil es dort heiß ist. Die Mutter erwidert, dass sie glaubt, dass sie noch einen hat und sie in ihrer anderen Wohnung nachschauen wird. Der Sohn verlangt, dass sie sofort geht, doch die Mutter will noch das gemeinsame Mittagessen beenden. Der Sohn springt auf, stößt die Mutter mit dem Stuhl nach hinten um und tritt mit Füßen gegen Rücken (er weiß, dass es ihr dort wegen zweier Bandscheibenoperationen besonders weh tut) und Kopf, dann schlägt er mit den Fäusten auf ihr Gesicht ein. Er dreht sich um und nimmt einen schweren Glasaschenbecher. Die Mutter sieht

das und schließt die Augen, stellt sich ohnmächtig, damit er nicht auch noch damit hinschlägt. Sie weiß aber noch, dass er sich zu ihr hinunter beugte.
„In der Hauptverhandlung frage ich den Angeklagten, warum er sich hinunter gebeugt hat. Ich dachte eigentlich, er würde behaupten, dass er die Vitalzeichen überprüfen wollte – man hätte dann auf versuchten Mord umstellen müssen, weil das der Beweis dafür gewesen wäre, dass er wusste, was er tat. Die Antwort war überraschend: ‚Ich habe sie gefragt, ob ich jetzt den Ventilator haben könnte!' Und das verdeutlicht, dass er nicht fähig war und ist, das Unrecht seiner Tat einzusehen und dieser Einsicht gemäß zu handeln. Er wurde in eine Anstalt für geistig abnorme Rechtsbrecher eingewiesen."

§

EIN STRAFVERFAHREN FÜR DEN STAATSANWALT

Ein 24-jähriger Drogensüchtiger brachte seiner Freundin bei, wie man unter Verwendung von Waffen einen schweren Raub begeht, woraufhin sie sieben Filialen einer Supermarktkette mit Messer und Gaspistole überfiel. Der Mann wollte die Raube nicht selbst ausführen, weil er schon zwei Vorstrafen hatte, eine wegen einfachen Raubes, die andere wegen schweren Raubes, und deshalb bereits vier Jahre in Haft gewesen war.

„In der Hauptverhandlung versuchte sich der Angeklagte damit zu verantworten, dass ich als der ermittelnde Staatsanwalt seiner Freundin gesagt hätte, dass sie eine milde Strafe bekäme, wenn sie vor Gericht aussagen würde, dass er sie zu den Raubtaten gezwungen hätte. Als Staatsanwalt wird man zwar oft angegriffen und angepatzt, in der Hauptverhandlung vor den Geschworenen war mir das jedoch noch nie passiert. Ich nehme es vorweg: Die Geschworenen glaubten ihm nicht und verurteilten ihn zu 13 Jahren Haft.

In dem danach gegen mich geführten Strafverfahren, in dem die Vorwürfe – auch wenn sie noch so haltlos waren – untersucht wurden, wiederholte er lediglich den Vorwurf, konnte jedoch keine Beweise beibringen. Ich hatte Gott sei Dank bei den Vernehmungen von ihm und seiner Freundin immer einen Schriftführer mitgehabt, daher wurde das Verfahren wegen Amtsmissbrauchs gegen mich eingestellt.

Ich gestehe, dass ich in der Hauptverhandlung sehr geladen war, weil ich einen derart unsachlichen und untergriffigen Vorwurf nicht erwartet hatte. Das Schlussplädoyer fiel sicher härter aus als sonst. Ich glaube jedoch, dass die Geschworenen seine Freundin rächten – sie war in ihrem Verfahren als 18-Jährige zu einer unbedingten Freiheitsstrafe von sechs Jahren verurteilt worden –, zumal diese sich in der Untersuchungshaft von den Drogen gelöst und ihren Schulabschluss nachgeholt hatte, der Angeklagte jedoch nach wie vor wie ein drogensüchtiger Macho agierte.“

DER GEBURTSTAGS-BONUS

Ein Anlegerbetrüger, der das ihm anvertraute Geld natürlich nirgends – außer für sich selbst – investierte, antwortete auf die Frage, warum er am 23. April vom Firmenkonto 24.000 Euro auf sein Konto überwiesen hatte, lapidar: „Ich hatte ja Geburtstag, der Bonus stand mir zu."

NICHT ZUR VERNEHMUNG GEEIGNET

Ein Mann stürzte in Wien in einen offenen Kanal: Auf dem Bericht des AKH Wien standen nach einer Aufzählung sämtlicher Frakturen und inneren Risse und dem Stehsatz „exitus letalis" (= tödlicher Ausgang) die Worte: „Die Verletzung ist dem Grade nach schwer, der Patient kann nicht vernommen werden."

Bild nächste Seite:
Honoré Daumier: Erst in zwei Instanzen verloren

Dr. Thomas Mühlbacher
Erster Oberstaatsanwalt
LG Graz

„Was menschlich richtig ist, muss juristisch möglich sein."

Geboren 1961 in Bruck an der Mur, Matura am Bundesrealgymnasium in Bruck, danach Studium der Rechtswissenschaften an der Karl-Franzens-Universität in Graz, war 1990/91 Vorsteher des BG Irdning, danach bis 1992 Untersuchungsrichter am LG Leoben. Danach wurde Dr. Mühlbacher StA in Leoben, 2002 Erster StA und ist seit 2007 Erster Stellvertreter des Leiters der OStA Graz (das entspricht dem Vizepräsidenten der OLG), außerdem stellvertretender

Vorsitzender des Zentralausschusses für die StA im BMJ, Vizepräsident der Vereinigung Österreichischer StA (www.staatsanwaelte.at) und Disziplinaranwalt für Richter im Sprengel des OLG Wien. Seine Aufgabenbereiche sind Stellungnahmen zu Rechtsmitteln in Strafsachen, Dienst- und Fachaufsicht über die StA Graz, Klagenfurt und Leoben, zusätzlich Justizverwaltung.

Ich bin erstaunt, wie locker und eigentlich sehr entspannt ein Mann mit einer solchen beruflichen Laufbahn und derart vielen Aufgaben wie Dr. Thomas Mühlbacher ist – wo mir schon der Kopf allein vom Notieren der Aufzählung brummt, als ich ihm in seinem wohnlich eingerichteten Büro gegenübersitze. Es befindet sich im Grazer Justizpalast, einem 1894 erbauten gewaltigen Kastenbau, der das LG für Zivilrechtssachen, das OLG und die OStA beherbergt.

„Verheiratet, zwei Kinder", heißt es knapp auf die Frage nach ein paar privaten Daten. Gut, das muss genügen.

„Ich hatte das Ziel immer klar vor Augen", antwortet Dr. Mühlbacher angesprochen auf die unbeirrbare Hartnäckigkeit beim Erklettern seiner Karriereleiter, „wollte Richter und dann Staatsanwalt werden. Und genau das habe ich erreicht. Man muss auch dazu sagen, ich hatte schon immer ein ausgeprägtes Interesse an Strafrecht und Kriminologie."

Jetzt bin ich gespannt auf die Selbstbeschreibung des Erfolgsmenschen Dr. Mühlbacher und frage nach, ob er zu Beschuldigten genauso streng ist, wie offensichtlich zu sich selbst, wenn es um die Erreichung seiner Ziele geht.

„Ich bin weder streng noch das Gegenteil, ich bemühe

mich stets objektiv zu sein. Das hat sich auch mit einer gewissen Routine nicht geändert. Einer der Vorteile meines Berufs liegt darin, nur dem Gesetz verpflichtet zu sein und nach seiner Überzeugung handeln zu können. Das birgt natürlich auch die Gefahr einer gewissen Selbstgefälligkeit und Sturheit, derer man sich bewusst sein sollte. Ich empfehle jungen Kollegen und Kolleginnen *Einem jungen Richter zur Beeidigung* von Anton Wildgans (www.antonwildgans.at/page64.html) zu lesen. In diesem Gedicht kommt sehr gut zum Ausdruck, welche Anforderungen an einen Richter oder Staatsanwalt gestellt werden."

„Bei Staatsanwälten, zumindest wie sie im TV dargestellt werden, hat man immer viel stärker als bei Richtern das Gefühl, sie wären völlig mitleidlos. Ist das die Realität?"

„Es kommt weniger auf den Beruf, als auf die Person an. Ich schätze mich nicht so ein, dass ich keiner menschlichen Regung mutmaßlichen Tätern gegenüber fähig bin."

Auch die Frage, ob der Beruf auf das Privatleben abfärbt, wird kurz und bündig beantwortet: Man spreche zwar selten zu Hause über den Job, habe aber trotzdem immer einen „Akt im Kopf".

Dr. Thomas Mühlbacher knüpft nun an das vorher Besprochene an und meint, dass man Emotionen sicherlich nicht ganz ausschließen könne und solle, denn das würde den Richter oder StA zu einer bloßen „Entscheidungsmaschine" degradieren. Andererseits dürften Beurteilungen nicht bloß aus dem Bauch heraus getroffen werden. Als Grundsatz gelte: Was menschlich richtig ist, muss juristisch möglich sein!

„Gut und Böse sind keine rechtlichen, sondern moralische Kategorien, Entscheidungsmaßstab kann daher nur die Verbotsnorm sein, deren tieferer Sinn aber wieder in zutiefst menschlichen Bedürfnissen liegt. Das Strafrecht ist die *ultima ratio* (letztmögliche vernünftige Lösung) bei Verstößen gegen die Prinzipien menschlichen Zusammenlebens. So gesehen enthalten die Bestimmungen des Strafgesetzbuches einen Katalog gesellschaftlich gewollter Werte, die Strafdrohung orientiert sich an deren Wichtigkeit."

Als „Wenn-die-Zeit-es-zulässt-Gerichtsshow-Junkie" habe ich immer noch Dr. Römer & Co. im Kopf und ihre zufriedenen Mienen, wenn ein Täter verurteilt wird. Ich möchte nun wissen, ob man als Staatsanwalt nicht doch irgendwie selbstzufriedener ist, als ein Richter, wenn ein Beschuldigter seiner gerechten Strafe zugeführt wird.

„Es ist sicher ein schöner Moment, wenn ein Fall vollständig geklärt ist, Genugtuung über die Verurteilung eines Täters habe ich aber nie empfunden", antwortet Dr. Mühlbacher und meint es offensichtlich auch genauso.

„Können Sie sich noch an eine besonders skurrile Ausrede eines Beschuldigten erinnern?"

„Oft haben sich unglaubwürdige Verantwortungen als wahr erwiesen, während sich einleuchtende Erklärungen als falsch herausstellten. Als besonders skurril ist mir in Erinnerung, dass ein Angeklagter, der mit einem Kofferraum voller augenscheinlich gestohlener Rasierklingen erwischt wurde, meinte, er hätte eben einen extrem starken Bartwuchs."

Zuletzt möchte ich noch etwas über einige Fälle von Dr. Mühlbacher erfahren.

„Besonders berührend sind für mich jene gewesen, bei denen Kinder oder andere wehrlose Menschen zu Schaden gekommen sind. Das kann ein großer Mordprozess ebenso sein, wie eine verhältnismäßig unspektakuläre Sache. Andererseits bleiben Fälle in Erinnerung, in denen schwierige Rechts- oder Tatfragen zu lösen waren. Ich könnte aber beim besten Willen aus den tausenden Fällen, die ich in über 20 Jahren bearbeitet habe, keine einzelnen heraussuchen – außer den besonders spektakulären Mordprozess gegen Wolfgang Ott."

§

DER FALL WOLFGANG OTT

Der „Filmemacher" Wolfgang Ott wurde zum ersten Mal Anfang der 1970er Jahre im Alter von 16 Jahren wegen sexueller Nötigung zu 15 Monaten Haft, sowie einer psychiatrischen Behandlung verurteilt. Der damalige Gerichtspsychologe hatte bereits zu diesem Zeitpunkt auf die Gefährlichkeit und Unberechenbarkeit des Mannes aufmerksam gemacht.

Rund 20 Jahre später, am 30. Mai 1995 entführte Ott die 23-jährige Bankangestellte Sonja Svec, brachte sie in sein Haus in Wien-Liesing, wo er sie mehrfach vergewaltigte und misshandelte. Danach transportierte er sie mit dem Auto in die Steiermark und versenkte sie in der Salzach – entkleidet und an einen Betonring gefesselt.

Am 10. Juni 1995 entführte Ott die 19-jährige Maturantin Karin Müller. Er vergewaltigte und misshandelte auch diese junge Frau, tötete sie später und legte sie in einem Gebüsch nahe der Salzach ab. Die tote Sonja Svec wurde Ende Juni gefunden, Karin Müller erst zwei Jahre danach.

Nur zwei Tage nach der Entführung von Karin Müller suchte sich Ott ein neues Opfer, die 43-jährige Perchtoldsdorferin Hannelore F. Über 20 Stunden lang quälte er die Geschäftsfrau in seinem Haus, bevor er dieses kurz verließ, um mit der Bankomatkarte von Frau F. Geld zu beheben. In dieser Zeit gelang es dem Opfer trotz Fesselung die Nachbarn auf sich aufmerksam zu machen, die sofort die Polizei verständigten. Als die Beamten in dem Haus persönliche Gegenstände von Sonja Svec fanden, wurde sofort eine Großfahndung nach Ott eingeleitet. Dieser entführte und vergewaltigte auf seiner Flucht noch zwei weitere Frauen, wobei eine davon entkommen konnte. Die andere transportierte Ott im Kofferraum seines Autos in die Steiermark, und ließ sie, nachdem die Frau ihrem Entführer versichert hatte, ihn wiedersehen zu wollen, am Ufer der Salzach frei.

Am 20. Juni 1995, drei Wochen nach der Ermordung von Sonja Svec, wurde Wolfgang Ott in der Nähe des Attersees in Oberösterreich verhaftet. Zuvor hatte der mit Fahrrad unterwegs gewesene Mann noch versucht, die Gendarmerie zu täuschen, indem er sich als deutscher Tourist ausgab. Ott leugnete so lang, bis am 26. Juni die Leiche von Sonja Svec geborgen werden konnte, die Entführung von Karin Müller stritt er jedoch weiter ab, obwohl Zeugen ihn am

Tag des Verschwindens der jungen Frau an jenem Ort gesehen haben, wo die Maturantin mit Freunden verabredet gewesen war.

Etwa zur selben Zeit, im Juni 1995, wurde in der Nähe des Fundortes der toten Sonja Svec die Leiche der 34-jährigen Helga Vasold aus dem Wasser geborgen. Bis heute steht nicht fest, ob Ott für den Tod dieser Frau verantwortlich ist, ebenso wie für die Ermordung der 17-jährigen Martina Posch aus Vöcklabruck, deren Leiche im November 1986 erwürgt und in eine Plastikplane eingewickelt am Ufer des Mondsees in Oberösterreich aufgefunden worden war.

Wolfgang Ott wurde am 3. Oktober 1996 wegen seiner Verbrechen – einmal Mord an Sonja Svec, zweimal Vergewaltigung und Freiheitsentziehung – zu lebenslanger Haft und Einweisung in eine Anstalt für geistig abnorme Rechtsbrecher verurteilt. Für die Tat an Karin Müller fehlten damals noch die Beweise, da die Leiche ja erst im Juni 1997 aufgefunden wurde.

Während der Verhandlung zeigte der Beschuldigte, unscheinbar völlig in Grau gekleidet, keinerlei Mitleid mit seinen Opfern, gab sich kühl und besonnen und beklagte in erster Linie sein eigenes Schicksal. Seine Eltern, die den Zeugen Jehovas angehörten, hätten ihn mit strenger Hand erzogen und sogar mehrmals verprügelt. Er wisse nicht, was Liebe sei, weil er nie welche erfahren hätte.

1999 stand Ott erneut vor Gericht, dieses Mal wegen des Mordes an Karin Müller.

Am 1. Juli 2004 wäre Ott beinahe ein Fluchtversuch geglückt: Der Mann versteckte sich während seiner Tätigkeit in der Tischlerei der Justizanstalt Graz-Karlau in einer mit Schnappscharnieren gesicherten Kiste und ließ sich von Mithäftlingen auf einen anstaltseigenen LKW laden, der ins Außenlager Maria Lankowitz fahren sollte. Ott wurde jedoch bei einer routinemäßigen Kontrolle des Fahrzeugs entdeckt und in die Anstalt zurückgebracht.*

Dazu EOStA Dr. Thomas Mühlbacher:
„Ott wurde beim zweiten Prozess in Leoben 1999 nicht nochmals zu lebenslanger Haft verurteilt, wie in etlichen Medien falsch berichtet. Das wäre nach österreichischem Recht gar nicht möglich, weil es keine Zusatzstrafe zu lebenslang gibt.
Nun kann man natürlich fragen, ob dann der doch sehr große Aufwand für den neuen Prozess überhaupt gerechtfertigt war, da Ott, der in diesem Fall nicht geständig war, ohnehin schon die Höchststrafe erhalten hatte.
Doch mir als zuständigem Staatsanwalt ging es bei der Wiederaufnahme des Verfahrens und der neuen Anklageerhebung von vornherein nicht um eine Strafe, sondern lediglich um die gerichtliche Feststellung, dass Ott auch den Mord an Karin Müller begangen hatte, und zwar aus folgenden Gründen:
Erstens macht es einen Unterschied bei einer bedingten Entlassung, ob es sich um einen Mörder oder um einen Serienmörder handelt, und zweitens hatten auch die Verwandten des Opfers Müller einen Anspruch auf bestmög-

---

Quellen: www.wikipedia.de, www.crimezzz.net, www.sektenausstieg.net

liche Aufklärung des Geschehens. Die Beweisführung war in mehrfacher Hinsicht interessant. Zu dieser Zeit waren DNA-Untersuchungen noch verhältnismäßig neu. Bei den Tatortarbeiten wurde im PKW des Beschuldigten ein Haar sichergestellt, das Karin Müller zugeordnet werden konnte. Ebenso neu war die Anwendung einer Tatortanalyse. Der Kriminalpsychologe und Profiler Thomas Müller konnte anhand von Täterentscheidungen (Auswahl des Opfers, Fesselung, Ablage der Leiche und dergleichen) darstellen, dass sich von allen seit 1975 begangenen sexuell motivierten Tötungsdelikten nur zwei Fälle eindeutig glichen, nämlich die Morde an Sonja Svec und an Karin Müller.
Mit dem neuerlichen Schuldspruch wegen Mordes ist es mir gelungen sicherzustellen, dass dieser sexuelle Sadist und Serienmörder nicht so einfach nach 15 Jahren bedingt entlassen werden kann, jedenfalls ist es weit unwahrscheinlicher, als wenn man ihn für die Tötung von Karin Müller nicht mehr zur Verantwortung gezogen und dafür verurteilt hätte. Dass beim zweiten Prozess keine Strafe mehr ausgesprochen wurde macht den Fall Ott außergewöhnlich und vielleicht sogar einzigartig."

Dr. Thomas Mühlbacher nach Durchsicht seines von mir niedergeschriebenen Interviews:
„Der nette Mensch, den Sie in dem mir gewidmeten Beitrag beschreiben, gefällt mir!"

Bild nächste Seite:
Honoré Daumier: Hoher Gerichtshof

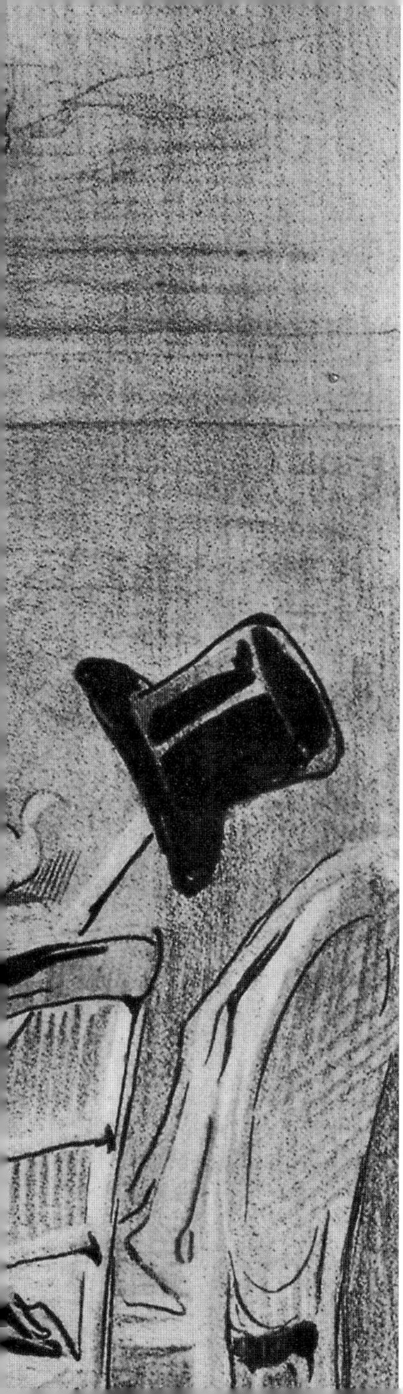

Mag. Klaus Boris
Theinschnack
Staatsanwalt
LG Linz

„Ich stehe zu meinem Ruf als Sozial-romantiker!"

Der 33-jährige StA aus Linz erklärt sich zu einem Interview am Telefon bereit, da er keine Zeit für ein persönliches Treffen hat.
Mag. Theinschnack, ledig, kinderlos, hat Rechtswissenschaften studiert und war danach bis 2004 Rechtspraktikant und Richteramtsanwärter in Linz, Vorsteher des BG Mittersill und bis März 2005 Richter am LG Salzburg. Von 1994 bis 2003 studierte er nebenbei Sologesang am Brucknerkonservatorium Linz.
Seit April 2005 arbeitet

Mag. Theinschnack als StA in Linz, seit 2007 mit Schwerpunkt Jugendliche und junge Erwachsene, und seit 2008 ist er Leiter des Jugendarbeitskreises. Nebenbei macht der StA das berufsbegleitende Bachelorstudium *Soziale Arbeit* an der FH Linz.

Der Arbeitsalltag von Mag. Theinschnack besteht unter anderem aus der Leitung von Ermittlungsverfahren, Erlassung von Anordnungen (Festnahme, Hausdurchsuchung, Telefonüberwachung, Obduktion, Sachverständigenbestellung etc.), Durchführung von Zeugen- und Beschuldigtenvernehmungen, Entscheidung über Anklageerhebungen beziehungsweise Einstellung der Verfahren oder Beschluss alternativer Sanktionsformen. Nebenbei müssen Neuanfälle oder neue Ermittlungsergebnisse in *Altakten* bearbeitet werden, es finden Verhandlungen statt, Anordnungen werden verfasst und an die Polizei weitergeleitet, und es gibt zwischendurch immer wieder Besprechungen mit der Polizei und Kolleginnen wie Kollegen.

Nun beschreibt mir Mag. Theinschnack seinen Arbeitsplatz, der in einem klassizistischen zweistöckigen Altbau aus dem Ende des 19. Jahrhunderts mit einem fünfstöckigen Anbau aus den 1980er Jahren liegt. Sein Büro mit Blick in den Innenhof ist etwa 25 Quadratmeter groß und sehr persönlich gestaltet, „weil bei uns in der Regel keine Parteien ein- und ausgehen."

In dem Gebäude, das zentral etwa fünf Gehminuten von der Linzer Landstraße und dem Hauptplatz entfernt liegt, sind das Linzer LG, BG und die StA untergebracht, wobei sich die StA über zwei Stockwerke im Altbau erstreckt, angeschlossen ist außerdem eine Justizanstalt vor allem für U-Häftlinge. Es gibt einen Schwurgerichtssaal für große Prozesse und mehrere kleinere Verhandlungssäle für Schöffen- und Einzelrichterverhandlungen, die sehr schlicht ausgestattet sind.

„Stand ihr Berufswunsch von Anfang an fest?", interessiert mich, an das Studium des Sologesangs denkend.

„Ursprünglich wollte ich Berufssänger werden oder in einem anderen künstlerischen Beruf tätig sein", gesteht der junge StA. Ich lächle verständnisvoll, was Mag. Theinschnack natürlich nicht sehen kann. „Als Absicherung für die brotlose Kunst begann ich – ohne genau zu wissen, was auf mich zukommt – zusätzlich mit den Rechtswissenschaften, konnte mich aber mit der Theorie während des Studiums nie richtig anfreunden. Allerdings habe ich es dann doch abgeschlossen, wobei mich insbesondere das Strafrecht aufgrund seiner klaren Strukturen fasziniert hat. Nach Abschluss des Studiums machte ich meinen Zivildienst und begann im März 2000 – ohne große Erwartungen – das Gerichtsjahr. Hier bekam ich jedoch einen Ausbildungsrichter, der Jugendstrafrecht innehatte und Pflegschaftssachen für schwierige Jugendliche behandelte. Dieser Mann hat mein Interesse am Richterberuf geweckt, sodass ich schließlich den justiziellen Weg eingeschlagen und den künstlerischen als Nebenberuf gewählt habe."

Das Jugendstrafrecht und die umfassende Beschäftigung mit Jugendlichen sei nach wie vor sein Steckenpferd, fährt Mag. Theinschnack fort, trotzdem plane er bald wieder als Familienrichter tätig zu sein, da er dort seine Vorstellungen

noch besser umsetzen könne als in der Anklagebehörde. „Und mein Studium *Soziale Arbeit* an der FH Linz ist als Zusatzqualifikation vor allem für eine Familienrichterstelle äußerst gewinnbringend."
Leider käme seine künstlerische Tätigkeit neben dem Berufsalltag etwas zu kurz, bedauert der charmante StA, „ich brauche sie aber als wichtigen Ausgleich zum oft doch etwas trockenen Juristenalltag."
Nachdem ich die kommende Frage aufgrund meines eigenen sonnigen Gemüts auch allen anderen Interviewpartnern und -partnerinnen gestellt habe, darf sie auch bei Mag. Theinschnack nicht fehlen. „Wie wichtig ist der Humor in ihrem Job?"
„Humor ist immer wieder angesagt, um mit schwierigen – auch psychisch belastenden – Situationen fertig zu werden."
„Sie sind bestimmt kein sehr strenger, sondern ein freundlicher Staatsanwalt", mutmaße ich aufgrund meines Eindrucks von Mag. Theinschnack, der meine Aussage mit einem Lachen quittiert.
„Ich würde mich jedenfalls als sehr milden Staatsanwalt bezeichnen, da mir gerade im Jugendstrafrecht bewusst ist, dass strenge Strafen – wie oft öffentlichkeitswirksam gefordert – einen relativ geringen Einfluss auf das zukünftige Verhalten von Jugendlichen haben und meist nur massiven Widerstand erzeugen. Ich halte die alternativen Sanktionsformen für viel gewinnbringender und sinnvoller für alle Beteiligten, da hier oft mehr Auseinandersetzung stattfindet als in einer Gerichtsverhandlung. Gerade die Besonderheit des Jugendalters, die Umbruchphase und das schwierige Er-

wachsenwerden fordern auch von der Justiz Fingerspitzengefühl im Umgang mit den Sanktionen und keine harte Keule, obwohl natürlich manchmal die Haft der einzig mögliche Schuss vor den Bug ist. Im Lauf der Zeit und mit zunehmender Auseinandersetzung mit der speziellen Materie entsteht allerdings immer mehr Toleranz, und ich werde noch milder – was in der öffentlichen Meinung und manchmal auch bei der Polizei auf Unverständnis stößt."

„Bedeutet das, dass Sie von einigen Seiten als zu nachsichtig empfunden werden?", hake ich nach.

„Ich würde mich in positivem Sinn als eher pragmatischen Juristen bezeichnen", antwortet Mag. Theinschnack vorsichtig. „Damit meine ich, dass ich nicht einfach nur das Gesetz exekutieren möchte und daher manchmal im Dienst der Sache – natürlich soweit rechtlich vertretbar – juristische Ungenauigkeiten in Kauf nehme. Auch als Familienrichter war es mir wichtiger, das Gespräch mit allen Beteiligten zu suchen, als stur das Recht umzusetzen. Der Ruf als Sozialromantiker ist dann natürlich rasch da, wozu ich aber stehe.

Ich habe auch viel Respekt vor der Persönlichkeit der jungen Menschen, was jedoch nicht bedeutet, dass man deren Verhalten gutheißt", fährt Mag. Theinschnack fort. „Die Grenzsetzung ist nämlich oft unumgänglich, um zu verdeutlichen, dass im gesellschaftlichen Zusammenleben Regeln auch eingehalten werden müssen. Insbesondere bei Gewaltdelikten jeglicher Art habe ich relativ wenig Verständnis für das Ausagieren an anderen – meist unschuldigen – Personen und appelliere hier schon stark an das

Verantwortungsbewusstsein der Straftäterinnen/Straftäter. Erklärungen für ein Vorgehen sind immer wieder schnell gefunden, auch wenn sie sich manchmal als total falsch herausstellen. Hier ist es wichtig, so vorurteilsfrei wie möglich an die Sache heranzugehen. Allerdings ist bei jugendlichen und jungen erwachsenen Beschuldigten, die immer wieder strafrechtlich auffallen, schon sehr oft ein familiärer und/oder sozialer Hintergrund zu erkennen, aufgrund dessen das Verhalten zumindest erklärbar wird."

„Ich könnte mir vorstellen, dass die breite Masse, wiederum beeinflusst durch diverse TV-Shows und Berichte in den Medien, das Vorgehen eines Richters als objektiver oder auch als gerechter empfindet, als das eines Staatsanwalts", stelle ich in den Raum.

„Mir ist klar, dass gerade für die Beteiligten in subjektiver Sicht die Durchsetzung von Recht nicht immer als gerecht im Sinn einer allgemein verständlichen Gerechtigkeit empfunden wird. Hier ist mein Credo, doch so nahe wie möglich an eine gerechte Entscheidung heranzukommen und dabei auch menschliche Schicksale zu berücksichtigen. Die meisten unserer Jugendlichen sind aber tatsächlich harmlos und werden nur einmal oder maximal zweimal straffällig, sodass hier gar keine Härte erforderlich ist, sondern mit einer einmaligen Sanktion das Auslangen gefunden wird, da soziologisch betrachtet Kriminalität im Jugendalter fast etwas Normales ist.

Dadurch dass man als Staatsanwalt täglich nur mit Straftaten konfrontiert ist, kann man aufgrund dieses eingeschränkten Ausschnitts der Realität sicher leicht verzweifeln, was bei einigen Kollegen und Kolleginnen auch in der Richterschaft schon zu Abstumpfungserscheinungen geführt hat. Allerdings versuche ich, aufgrund der strikten Trennung von Privatleben und Beruf, die Energien aufzusparen und in jedem Fall ein Einzelschicksal zu sehen und nicht die Aktenzahl, weil meine Entscheidung, gerade bei Grundrechtseingriffen, einen nicht unerheblichen Einfluss auf das Leben der Beteiligten hat."

„Können Sie Berufliches und Privates wirklich konsequent trennen?", wundere ich mich, an die Antworten meiner anderen Interviewpartner denkend.

„Ich versuche den Beruf so weit wie möglich aus dem Privatleben herauszuhalten und insbesondere wenig davon zu sprechen. Die klare Trennung ist meines Erachtens unbedingt erforderlich, um gut arbeiten zu können. Allerdings gibt es Fälle, vor allem im Bereich der Sexualdelikte oder des Kindesmissbrauchs, die sehr belasten. Doch ich habe meine eigenen Emotionen ganz gut im Griff, und was die Emotionen der anderen – vor allem der Beschuldigten – betrifft, versuche ich, sie nicht allzu nahe an mich herankommen und bei ihnen zu lassen. Das ist für alle Beteiligten das Beste und auch das, was man von einer objektiven Justiz erwartet."

„Sind Sie der Meinung, dass es immer gefährlicher wird auf unseren Straßen?"

„Was meine persönliche Einstellung betrifft, hat sich diese nicht geändert. Ich habe nicht mehr oder weniger Angst als früher. Ich bin den Schreckensmeldungen in den Medien, die Steigerung der Kriminalität betreffend, gegenüber recht kritisch eingestellt und versuche, dort aufzuklären, wo es möglich ist. Ich trachte auch danach, mir meine positive und optimistische Einstellung zum Leben durch die Tatsache, dass es auch straffällige Menschen in unserer Gesellschaft gibt, nicht nehmen zu lassen und fahre ganz gut damit."

„Welche Gründe gibt es Ihrer Meinung nach für die Kriminalität bei Jugendlichen?"

„Für mich immer wieder erstaunlich ist die Rechtfertigung der Beschuldigten selbst, nämlich die, nicht gewusst zu haben, warum man das tut. Langeweile und Gruppendruck werden von Jugendlichen ebenfalls oft genannt, wobei in diesem Zusammenhang auch immer wieder angegeben wird, dass man von den anderen zum Mitmachen gezwungen worden sei.

Ich bin aber der festen Überzeugung, dass man als Richterin oder Richter, beziehungsweise als Staatsanwältin oder Staatsanwalt bei sorgsamer Arbeit und Interesse an Gerechtigkeit gute Lösungen für Menschen in schwierigen Situationen finden kann. Darin sehe ich primär meine Aufgabe in der Justiz und nicht als Vollstreckungsorgan des Staates."

BILDER, DIE EINEN BIS IN DIE TRÄUME VERFOLGEN

„Besonders erschütternd für mich war folgender Fall aus dem Jahr 2008: Einem jungen Erwachsenen im Alter von 19 Jahren – ungefähr 185 Zentimeter groß, südländischer Typ, attraktiv, Migrationshintergrund, allerdings gesellschaftlich großteils gut integriert – wurden zwei Vergewaltigungen vorgeworfen. Eine der beiden Frauen war Kanzleimitarbeiterin am BG Linz und Dolmetscherin, uns allen daher bekannt, die andere war eine Kellnerin aus Linz.

Die beiden schwer traumatisierten Frauen waren von dem Täter vor den Sexualdelikten massiv in Form von zahlreichen Brüchen im Gesicht verletzt worden, die zweite Frau hatte sich sogar über zwei Stunden in seiner Gewalt befunden.

Dieser Fall hat mich, da mehrere Gutachten vor allem zu den erheblichen Folgen der Tat erforderlich waren, über ein Jahr lang begleitet und tatsächlich auch bis in meine Träume verfolgt. Mir sind die brutale Vorgehensweise und die völlige Erniedrigung der beiden Frauen ohne auf den ersten Blick ersichtlichen Grund einfach unbegreiflich gewesen.

Es gab Bilder von einer Überwachungskamera, da der Beschuldigte die zweite Frau während der ganzen Tathandlung auch noch zwang, Geld bei einem Bankautomaten abzuheben, weshalb man sie mit ihren Verletzungen sah. Das andere Opfer war durch seine Arbeit im Gericht dauernd präsent. Beide Frauen hatten hier also tatsächlich einmal reale Gesichter, was sonst vor Beginn einer Verhandlung selten der Fall ist, da unsere Arbeit großteils aus Aktenarbeit besteht. Darüber hinaus wurde im Gutachten zum psychischen Zustand des zweiten Opfers angeführt, dass sie aufgrund ihrer seelischen Verfassung wahrscheinlich nie wieder ein normales Leben würde führen können.

In der Geschworenenverhandlung im November 2008 – der Täter war seit Oktober 2007 in Untersuchungshaft gewesen – bekannte sich der Angeklagte schließlich schuldig, zeigte aber keinerlei Zeichen von Mitleid oder Einsicht, was uns alle sehr erschüttert hat. Er wurde letztlich, nach Berufung, zu einer Freiheitsstrafe von elf Jahren verurteilt sowie in eine Anstalt für geistig abnorme, zurechnungsfähige Rechtsbrecher eingewiesen.

Die Verhandlung selbst war von allen Beteiligten bewusst ziemlich objektiv geführt worden, dennoch war gerade bei der Demonstration der Videoaufzeichnungen und der Vernehmung der Opfer eine unglaubliche Spannung spürbar. Während der Verhandlung selbst war ich relativ ruhig gewesen und hatte versucht, mich nicht zu sehr emotional mitreißen zu lassen, was, glaube ich, ganz gut gelungen ist. In diesem Verfahren sind mir zum ersten Mal die Schwierigkeiten und Belastungen unseres Berufs so richtig bewusst geworden, und ich war sehr froh, als der Fall im Frühjahr 2009 rechtskräftig abgeschlossen war.

Ich aber habe daraus gelernt, mit derartigen Situationen besser umzugehen. Allerdings wäre eine Supervision gerade in solchen Fällen sehr wünschenswert und gewinnbringend."

§

DIE CAUSA BÖHM

„Einer der ersten Akten, der zu Beginn meiner Tätigkeit bei der Staatsanwaltschaft Linz im April 2005 auf meinem Tisch landete, war ein umfangreiches und politisch brisantes Verfahren gegen den ehemaligen Bürgermeister der Gemeinde Pasching, Ing. Fritz Böhm.

Ich hatte das bereits seit mehr als einem Jahr anhängige Verfahren aufgrund der Übernahme der Abteilung zu bearbeiten und bin ziemlich bald unter großem Druck gestanden. Von Seiten der Politik, der Medien und auch der Oberbehörde wurden Ergebnisse und im Endeffekt eine Anklageerhebung gefordert, auch öffentlichkeitswirksam. Sich hier nicht stressen zu lassen und ohne Beeinflussung von außen streng nach den Ermittlungsergebnissen zu entscheiden, war eine der ersten Lernerfahrungen, die ich in meiner Tätigkeit als Staatsanwalt zu machen hatte.

Inhaltlich ging es primär um Amtsmissbrauch und Betrugsvorwürfe mit einem Gesamtschadensvolumen von etwa 450.000 Euro. Nachdem ich noch Ermittlungen getätigt hatte, erhob ich im September 2005 Anklage, wobei ich

mich in rechtlicher Hinsicht mit mir völlig neuen Materien – Bürgermeisterbezugsgesetz, Details in der Gemeindeordnung etc. – auseinandersetzen musste. Nach einem nicht erfolgreichen Einspruch kam es im Mai und Juni 2006 zum Prozess am LG Linz. Hier war ich als Jungstaatsanwalt mit einem renommierten Strafverteidiger und einem äußerst selbstverliebten Beschuldigten konfrontiert, darüber hinaus war das Interesse der Medien sehr groß. Ich wurde von unzähligen Personen auf die Bilder von mir in Fernsehen und Zeitungen angesprochen, was für mich eine äußerst unangenehme Erfahrung war.
Nach einem viertägigen, vom Vorsitzenden sehr gut geführten Prozess, wurde der Beschuldigte zu 18 Monaten bedingt und einer Geldstrafe von 41.400 Euro verurteilt.
Gerade im Umgang mit den Medien und einem etwas polemischen Verteidiger habe ich anlässlich dieses Falls sehr viel gelernt, und der erfolgreiche Ausgang des Verfahrens war auch sehr förderlich für mich. Allerdings habe ich die Persönlichkeit des Beschuldigten und sein Auftreten während des Prozesses als sehr befremdend empfunden, zumal er sich als Opfer der Gemeindeaufsichtsbehörde dargestellt hat, was aufgrund der Ermittlungsergebnisse eindeutig nicht stimmte.
Aufgrund weiterer – während des Prozesses erfolgter – Anzeigen hat mich die Causa Böhm weiter verfolgt, ich tätigte weiterhin umfangreiche Ermittlungen, wobei ich schließlich im Juli 2009 eine neuerliche Anklage eingebracht habe. Im Oktober kam es wieder zu einer Verhandlung, im Zuge derer Böhm mit rechtskräftigem Urteil des LG Linz teil-

weise schuldig und teilweise freigesprochen wurde, wobei man im Hinblick auf die Vorverurteilung vom Mai 2006 keine Zusatzstrafe verhängte. Ich habe tatsächlich die Erfahrungen des ersten Prozesses, auch im Zusammenhang mit der Medienberichterstattung, gut nutzen können und bin auch mit dem Angeklagten viel relaxter umgegangen."

§

WENN EIN STAATSANWALT AM LIEBSTEN MITWEINEN WÜRDE

„Dieser Fall war für mich besonders traurig: Ein 19-jähriger eher introvertierter Bursche mit diagnostizierter Schizophrenie bedrohte im Frühjahr 2007 seine Mutter mehrfach mit einem Küchenmesser, da er glaubte, sie wolle ihn mit Medikamenten vergiften. Die Frau wusste sich nicht mehr zu helfen und verständigte schließlich die Polizei. Im Strafverfahren wegen gefährlicher Drohung sah die Sachverständige eine massive Gefährlichkeit und die Voraussetzungen für die Einweisung in eine Anstalt für geistig abnorme, zurechnungsunfähige Rechtsbrecher als gegeben an und erörterte dies auch anlässlich der Verhandlung. Da der Beschuldigte so jung war und auch seine Eltern keinen Ausweg wussten, war die Verhandlung im Oktober 2007 sehr schwer zu ertragen, vor allem weil es zu ständigen Tränenausbrüchen bei Mutter und Vater kam. Und wir hätten alle – einschließlich der Sachverständigen – am liebsten

mitgeheult. Jedenfalls war die Stimmung äußerst bedrückend, da der Beschuldigte schließlich tatsächlich eingewiesen wurde und eine bedingte Nachsicht nicht möglich war.
Einen derart jungen eingewiesenen Beschuldigten hatte ich vorher noch nicht, daher berührte mich dieser Fall wirklich sehr, vor allem weil die Einweisung ja grundsätzlich eine auf unbestimmte Dauer ist und erst beendet wird, wenn keine Gefährlichkeit mehr vorliegt. Natürlich ist der Opferschutz sehr wichtig, aber gerade in einem solchen Fall sind die Dimensionen der freiheitseinschränkenden Maßnahmen äußerst schwer zu ertragen, was nichts daran ändert, dass auch hier eine Entscheidung getroffen werden musste. Das Verfahren wurde auch unter größtmöglicher Schonung aller Beteiligten und äußert korrekt geführt, hat für mich aber nach wie vor einen sehr bitteren Beigeschmack."

Bild nächste Seite:
Honoré Daumier: Der Vorsitzende

Mag. X
Staatsanwalt
LG Wien

„Staatsanwälte sind die Unfallchirurgen der Justiz."

Höflich erhebt sich der junge StA, der nicht Mag. + Anfangsbuchstabe seines Nachnamens genannt, sondern „Mister X" sein möchte, als ich sein Büro im LG für Strafsachen in Wien betrete. Der attraktive Mann um die 30 begrüßt mich freundlich und bittet mich, Platz zu nehmen. Der Raum, in dem ich mich befinde, wirkt irgendwie „clean" und leer, es gibt relativ wenig Mobiliar und alles sieht sehr aufgeräumt aus. Bevor ich Platz nehme, fällt mein Blick noch auf einen selbstgebastelten Fotokalender mit Familienbildern und einige wunderschöne und sehr gut gepflegte Orchideen.

Während unseres einleitenden Smalltalks lege ich meinen Notizblock auf den Schoß und suche in den Tiefen meiner Tasche nach einem Kugelschreiber, Mag. X macht in der Zwischenzeit Kaffee und stellt die beiden Tassen auf seinen Schreibtisch. Ich habe endlich alles Erforderliche gefunden, und das Interview kann beginnen.

Zuerst erfahre ich etwas über den Werdegang des StA: Während seines Jusstudiums hat er bei einem Rechtsanwalt gearbeitet, nach dem Gerichtsjahr folgte eine vierjährige Ausbildung, in der man im Turnus mit Rechtsanwälten, Staatsanwälten und Richtern arbeitet, danach war Mag. X ein halbes Jahr Sprengelrichter (Springer in einem Sprengel von Gericht zu Gericht) und ist nun seit drei Jahren StA mit Schwerpunkt Jugendstrafrecht (14- bis 21-Jährige und ihre eventuell erwachsenen Mittäter).

„Zu Beginn des Gerichtsjahrs muss man sein Interesse, Richter oder Staatsanwalt werden zu wollen, bekannt geben, dann findet viermal pro Jahr ein Aufnahmeverfahren statt, in dem von 250 Bewerbern bei diesem Termin acht genommen werden. Dieses Prozedere bestand damals – seither änderte sich das Verfahren etwas – aus einem psychologischen Test, der unter anderem auch einen Intelligenztest beinhaltete, außerdem aus mündlichen und schriftlichen Prüfungen. Nach der vierjährigen Ausbildung macht man noch eine Berufsprüfung und kann sich danach für eine freie Stelle bewerben."

Das Berufsalltagsleben von Mag. X sei einmal aufregender, einmal weniger aufregend. „Ich muss beispielsweise entscheiden, ob nach einer Anzeige die Untersuchungshaft verhängt wird, oder habe zu überlegen, ob eine aufgefundene Leiche obduziert werden soll“, lacht der junge StA.

„Allerdings sollten und müssen unabhängig davon wichtigere Dinge immer rascher erledigt werden, und ein Eingriff in Grundrechte wie zum Beispiel die Freiheit, also hier die Entscheidung über die U-Haft, geht somit vor. Die unspannende Routine betrifft unter anderen die Anordnung der Sicherstellung von Beweismitteln, und ein 08/15-Suchtgift-Fall lockt einen erfahreneren Staatsanwalt auch nicht mehr aus der Reserve.“

Erstaunt bin ich, als Mag. X mir nun Einsicht in die Zusammenarbeit mit seiner Kanzlei gewährt: „Ich habe zwar ein Sekretariat, dem gegenüber ich aber nicht weisungsberechtigt bin, das heißt, die müssen dort die Sachen eigentlich nicht so erledigen, wie ich es sage. Da muss man sich dann eben zusammenreden, sonst rennen wir ja nonstop zu unseren Vorgesetzten – und die wären sicher nicht sehr erfreut darüber.“ Eigenartig, denke ich, ist also nicht wie bei einem wichtigen Boss und seiner Chefsekretärin, die brav aufs Wort gehorcht und alle Befehle penibel befolgt. Nun ja, Staatsdienst und Privatwirtschaft sind eben immer noch zwei verschiedene Paar Schuhe.

„Ich arbeite natürlich auch intensiv unter anderem mit der Wiener Jugendgerichtshilfe zusammen“, unterbricht der Staatsanwalt meine Gedankengänge, „da es vier außergerichtliche Möglichkeiten gibt, wenn jemand straffällig geworden ist. Diese können und müssen mit einer sogenannten Diversion erledigt werden. Die Sozialarbeiter vermitteln dann über Auftrag der StA beispielsweise Stellen, wo gemeinnützige Leistungen wie die Beschäftigung in einem Altersheim, in der *Gruft,* im *Canisibus* – dort werden Obdachlose mit Brot und Suppe versorgt – oder in einer Pfarre abgeleistet werden können. Daneben gibt es auch noch die Möglichkeit der Zahlung einer Geldbuße, eines außergerichtlichen Tatausgleichs und einer Probezeit, die oft mit der Beistellung eines Bewährungshelfers oder den Besuch eines Anti-Gewalt-Trainings verknüpft ist. Bei Erfolg einer Diversion wird das Verfahren endgültig eingestellt – das passiert in ungefähr der Hälfte der Fälle."

„Gibt es bei Staatsanwälten etwas dem richterlichen Amtstag Vergleichbares?"

„Natürlich, wir haben auch Parteienverkehr. Ich genieße allerdings nicht den Vorzug eines Vorzimmerfilters, die Leute kommen also direkt in mein Büro. Das ist zeitweise schon sehr zeitaufwändig, weil es sich dabei dann oft um besorgte Verwandte eines Jugendlichen oder manchmal auch um nicht deutsch sprechende Menschen mit den diversesten Anliegen handelt. Und bis man sich da ausgedeutscht hat …"

„Wie viele Staatsanwälte gibt es eigentlich in Wien?"

„Wir sind 91 – das sind 31 Prozent aller Staatsanwälte Österreichs, Richter haben wir 80 in Wien."

„Und ist das ihr Traumberuf?", hake ich nach und erfahre, dass Mag. X, nachdem er sich neben den Alternativen Mathematik und Architektur für das Jusstudium entschieden hatte, zwischen Rechtsanwalt, Richter oder StA schwankte.

„Aber der Staatsanwalt ist ja irgendwie der Gute, vielleicht habe ich deshalb diesen Weg gewählt. Ursprünglich wollte ich eigentlich Karriere als Rockstar machen, aber was nicht ist, kann ja noch werden“, lacht Mag. X. „Allerdings würde ich gern in einem Gebäude und einem Zimmer in gepflegterem Zustand arbeiten. Dieses Haus ist schon recht heruntergekommen, von den Sanitäranlagen ganz zu schweigen, und man braucht ein geschmackvolles Händchen, um sich sein Büro nett zu machen“, seufzt der StA.
Ich bitte nun um eine Selbstcharakterisierung.
„Eher mild, kommt aber auf die Situation an – ich finde körperliche Angriffe schlimmer als einen Diebstahl. Ich bemühe mich auf jeden Fall, reflektiert und objektiv zu sein, außerdem halte ich es für wichtig, Routine zu verhindern. Wir Staatsanwälte sind eigentlich die Unfallchirurgen der Justiz: Wir sehen als Erster alle schlimmen und traurigen Dinge und müssen diese Eindrücke irgendwie verarbeiten. Da muss man aufpassen, dass da keine negative Energie entsteht und man nicht total sarkastisch wird. Womöglich reißt man dann einen Witz zu einer Situation, der einem selbst total harmlos vorkommt, aber einen anderen bis ins Mark trifft. Ohne Selbstreflexion droht man sicher abzustumpfen.“
„Aber macht es einen nicht irgendwie fertig, wenn man tagtäglich mit kriminellen Jugendlichen zu tun hat?“
„Doch, man wird umso betroffener, je mehr junge Leute man vor sich hat, die straffällig geworden sind. Aber es motiviert einen trotzdem immer wieder, durch abschreckende Maßnahmen und eine gute Resozialisierung etwas zu

bewirken. Persönliche Gefühle muss man sowieso raushalten, vor allem Mitleid – auch wenn es schwer fällt, vor allem beim direkten Kontakt mit den Beschuldigten bei den Verhandlungen. Generell ist es aber einfacher, mit jungen Menschen zu verhandeln, als mit Erwachsenen, weil diese meist gleich freiwillig alles zugeben, oft sogar noch mehr als angeklagt ist."
„Wie wirkt sich ihr Job auf den privaten Umgang mit Menschen aus?"
„Naja, aufgrund der Kenntnis, was alles passieren kann, muss man aufpassen, dass man keinen Verfolgungswahn bekommt. Das färbt dann automatisch auch auf das Umfeld ab. Ich sage oft zu Frauen im Freundes- und Bekanntenkreis, sie sollen auf ihre Handtaschen aufpassen und sie immer verschlossen über der Schulter tragen. Und Schwarzfahren oder am Sonntag die Zeitung aus dem Ständer stehlen ist nicht nur allgemein verboten, sondern für einen Staatsanwalt natürlich unmöglich."
Wäre auch ein starkes Stück, denke ich mir.
„Aber sehr viel Zeit für ein Privatleben hab ich eigentlich auch gar nicht", fährt Mag. X fort, „da wir eine theoretische Nettoarbeitszeit von 41,4 Stunden haben, aber immer jede Menge Überstunden anfallen. Die werden natürlich nicht bezahlt oder auch sonst irgendwie beachtet – die Arbeit muss einfach nur gemacht werden."
Am Ende des Interviews möchte ich wissen, wie der StA mit der oft sehr kritischen Meinung der Öffentlichkeit in Bezug auf seine Arbeit umgeht, und erhalte als Antwort, dass die öffentliche Wahrnehmung, durch die Medien be-

einflusst, stark verzerrt sei. „Und da wir sachliche Regelungen gewohnt sind, wissen wir oft nicht, wie man sich gegen unsachliche Angriffe seitens der Presse zur Wehr setzen soll. Uns wird oftmals Verfolgungswut vorgeworfen, und das ist natürlich Unsinn“, rechtfertigt sich Mag. X und erwähnt nochmals das Gebot zur Objektivität, dem er sich verpflichtet fühlt, nicht nur, weil es im Gesetz steht.

Abschließend bitte ich noch um die Schilderung einiger seiner Fälle.

§

DER BANKRÄUBER UND SEIN UNGEÜBTER FLUCHTHELFER

Der 17-jährige Gustav G. hatte die geniale Idee, eine Bank zu überfallen. Der Plan reifte fünf Monate in ihm heran, bis er sich ein Herz fasste und seinen besten Freund, den 16-jährigen Rudi L., in sein Vorhaben einweihte. Dieser fand es ziemlich cool, dass Gustav bald zu einer Menge Kohle kommen würde und half ihm, die Details für den Überfall auszuarbeiten. Bald war klar, welche Bank es sein sollte, nämlich auf gar keinen Fall die, wo Gustav G. ein Konto besaß. Das könnte man schon einmal als clever bezeichnen. Die beiden jungen Männer suchten sich auf gut Glück irgendeine Filiale der Sparkasse aus, legten den Zeitpunkt des geplanten Raubes fest, nämlich am 10.10. um 10 Uhr vormittags, besorgten eine Spielzeugpistole und schnitten Sehschlitze in eine Sturmhaube. Klassisch eben. Rudi wollte allerdings nicht mitmachen bei dem Überfall, verlangte aber zehn Prozent der Beute, weil er so brav mitgeholfen hatte, und dafür, dass er die Klappe hielt. Am 9.10. saßen die beiden Freunde erneut beisammen und genehmigten sich in ihrer Vorfreude eine Flasche Johnnie Walker, als Rudi ein Geistesblitz durchfuhr. Gustav brauchte unbedingt einen Fluchthelfer, der im Auto mit laufendem Motor vor der Bank warten sollte, damit Gustav auch rasch abhauen konnte. Schon etwas angesäuselt riefen die beiden Burschen ihren gemeinsamen Kumpel Georg S. an, der bereits über einen Führerschein verfügte, wenn auch noch nicht lange. Der 18-Jährige war damit einverstanden, Gustav gegen zehn Prozent der Beute als Fahrer zur Verfügung zu stehen, und so verabredeten sich die beiden für den nächsten Tag.

Wie besprochen holte Georg seinen Freund um neun Uhr 30 mit einem roten Ford Fiesta ab und chauffierte ihn zu der auserkorenen Filiale der Sparkasse mitten in Wien. Alles lief wie geschmiert, Gustav spazierte in die Bank, fuchtelte der Kassiererin mit der Spielzeugwaffe unter der Nase herum und brüllte: ‚Das ganze Geld ins Sackerl, sonst kille ich euch alle!' Die eingeschüchterte Angestellte gehorchte und alarmierte erst, nachdem Gustav G. mit rund 10.000 Euro die Bank verlassen hatte, die Polizei.

Währenddessen hüpfte der Dieb, innerlich über den gelungenen Beutezug jubelnd, auf den Beifahrersitz des roten Ford Fiestas und schrie: ‚Gib Gas!' Georg S. gehorchte, doch zuvor musste erst einmal das Auto gestartet

werden, was dem jungen Mann nicht auf Anhieb gelang. Der Motor starb zweimal ab, bevor der kleine Ford sich in Bewegung setzte. Währenddessen hatte sich ein Zeuge jedoch das Kennzeichen notiert und gab die Information sofort an die Polizei weiter, die feststellte, dass es sich bei dem Auto um einen Mietwagen handelte.
Leider war Georg S. nicht so clever gewesen, einen falschen Namen beim Ausleihen des Fahrzeugs anzugeben, und so klickten bei der Rückgabe des Fords die Handschellen.
Und die Moral von der Geschichte? Natürlich, man soll keine Bank ausrauben – aber sich auch seine Freunde immer gut aussuchen.

Über weitere, interessantere Fälle will Mag. X keine Auskunft geben, „weil die mich sofort wiedererkennbar machen, zumindest in Juristenkreisen, und dann wäre die Anonymisierung für die Katz gewesen."
Ich bedanke mich bei dem jungen StA für das anregende Gespräch und eile weiter zu meinem nächsten Interview, das ich wieder gemeinsam mit Steffi führen werde, die bereits vor dem Zimmer der StAin Mag. S. auf mich wartet.

Bild nächste Seite:
Honoré Daumier: Den hier könnt Ihr freilassen, der tut nichts mehr

Mag. S.
Staatsanwältin
LG Wien

„Es ist frustrierend, dass man oft wesentlich mehr weiß, als man beweisen kann.“

Auch in dem gemütlichen Büro der etwa 40-jährigen StAin werden wir sehr freundlich willkommen geheißen. Im dem ein wenig chaotisch und mit Aktenbergen vollgestopften Raum stehen ein Sofa, auf dem wir Platz nehmen, sowie ein Kühlschrank, und auf den Regalen befinden sich einige persönliche Gegenstände wie Familienfotos.
Ich drücke Steffi meinen Notizblock und den Kugelschreiber in die Hand, wir nehmen Platz und eröffnen

das Gespräch mit der Frage nach dem Lebenslauf der quirlig (oder gestresst) wirkenden StAin.
Während ihres Studiums war Mag. S. in der Privatwirtschaft tätig und wurde nach ihrem Gerichtsjahr, der Richteramtsprüfung und 14 Monaten Tätigkeit als Untersuchungsrichterin 1997 StAin. Heute ist sie zuständig für allgemeine Strafsachen, spezialisiert auf Sexualdelikte, und arbeitet seit kurzem auch für die Sondergruppe für Organisierte Kriminalität. Seit März 2009 ist Mag. S. Erste StAin und Mediensprecherin.
Wir bitten die freundliche Juristin, uns einige Einblicke in ihren Alltag zu gewähren.
„Früher habe ich neben den zwei Verhandlungen pro Woche und den Journaldiensten hauptsächlich Akten gewälzt und Vernehmungen, auch kontradiktorische (= schonende), durchgeführt. Heute erledigen Kollegen die oft sehr umfangreichen Akten. Zum Glück!", meint Mag. S. lachend. „Zu meinen Aufgaben zählen weiters das Justizmanagement, Zuständigkeitsstreitigkeiten, Kontakte zur Justizanstalt, Medienarbeit und im Zuge derer sehr oft spontane Fernsehauftritte."
Da ist sicher viel zu tun, denke ich mir und bedanke mich, dass die Juristin uns ihre Zeit für dieses Interview zur Verfügung stellt.
„Gerne. Ja, momentan bin ich wirklich sehr eingespannt. Auf der einen Seite aufgrund der StPO-Reform, daneben noch medial, wo in Bezug auf die aktuellen, brandheißen Fälle ständig Akten für den parlamentarischen Untersuchungsausschuss rausgesucht werden müssen. Die Res-

sourcen sind halt sehr fragwürdig aufgeteilt, es fehlt so ziemlich an allem, und die Arbeit wird immer mehr und mehr", schildert die Magistra seufzend.

„Aber trotzdem lieben Sie Ihren Job", mutmaße ich.

„Natürlich!", antwortet die StAin wie aus der Pistole geschossen und erzählt uns, dass sie immer schon diesen Beruf ergreifen wollte. „Meine Alternativen zum Jusstudium wären alles brotlose Jobs gewesen", erklärt Mag. S. „Am meisten hat mich allerdings immer schon Psychologie interessiert. Bis heute fasziniert und begleitet mich diese Wissenschaft, ich bilde mich auch in Seminaren diesbezüglich weiter, denn es ist nicht schlecht, gewisse Tricks zu kennen. Dahingehend wäre eine bessere Ausbildung für uns oft nicht schlecht."

„Wie würden Sie sich selbst einschätzen, Ihre Eigenschaften als Staatsanwältin betreffend?", möchte ich wissen.

„Man darf nie seinen Humor verlieren. Der ist wirklich wichtig, auch für den Selbstschutz. Ich kann aber auch sehr streng sein, das kommt dann auf den Fall an. Am wichtigsten ist die Gerechtigkeit, die darf man nicht aus den Augen verlieren. Man muss einfach darauf achten, dass man nie in festen Schienen fährt, denn dann wird man, denke ich, selbstgerecht und vielleicht sogar blind für das Wesentliche."

Die StAin erzählt nun, dass ihr Beruf insofern auf ihr Privatleben abfärbe, als dass sie vor allem auf öffentlichen Plätzen besonders gut auf ihre Handtasche und auf ihr Handy aufpasse, „denn man kennt ja sämtliche Praktiken und weiß, worauf man achten muss."

Steffi brennt offensichtlich eine ganz andere Frage auf der Zunge und ich deute ihr, sie zu stellen.
„Wir wollen von jedem unserer Gesprächspartner wissen, und das ist für mich eine der interessantesten Themen, wie gerecht es bei Gericht zugeht. Man hört und liest ja doch eine Menge über sogenannte Justizirrtümer …"
Mag. S. lächelt. „Es gibt keine hundertprozentige Gerechtigkeit, das werden ihnen sicher die meisten meiner Kollegen auch schon gesagt haben. Natürlich ist es frustrierend, dass man oft wesentlich mehr weiß, als man beweisen kann, besonders in der organisierten Kriminalität. Die Grund- und Menschenrechte verbieten viele Maßnahmen, die manchmal vielleicht zum Ziel führen oder gerecht erscheinen würden."
„Gibt es sympathische und unsympathische Beschuldigte?", ist Steffi nun in ihrem Element.
„Sympathie ist nicht abstreitbar", gibt die StAin zu, „und das Auftreten eines mutmaßlichen Täters beeinflusst durchaus unsere Reaktionen und hat Einfluss auf die Beweiswürdigung."
Nun wollen wir noch etwas über die interessantesten Fälle unserer Gesprächspartnerin hören, und Mag. S. hat diese auch schon für uns parat.

DER GESTALKTE PFARRER

Der 50-jährige Pfarrer Sebastian hat ein ebenso großes wie heikles Problem, das schwer auf seinen Schultern lastet: Er wird von einer Frau angehimmelt, die sich ganz offensichtlich in sein freundliches Wesen und die Art, wie er mit seinen Schäfchen umgeht, verliebt hat.
Nach endlosen Wochen schmachtender Blicke, die ihm die Dame im besten Alter in der Messe zuwirft, gesteht sie ihm endlich ihre Liebe. Natürlich macht Pfarrer Sebastian seiner Verehrerin klar, dass er sich niemals auf eine Beziehung mit ihr einlassen würde, doch das scheint die Dame in keinster Weise abzuschrecken. Sie bombardiert ihren Liebsten mit Geschenken und Briefen, stört die Messe mit eindeutig-zweideutigen Zwischenrufen und taucht überall dort auf, wo der Mann Gottes (nicht auf Freiersfüßen) wandelt.
Pfarrer Sebastian sieht keinen anderen Ausweg mehr und lässt sich versetzen, obwohl es ihm schwer fällt, seine liebgewonnene Heimat im Stich zu lassen. Sorgen- und kofferbeladen zieht er von dannen, nicht ohne seinen Nachfolger mit den Nöten und Eigenheiten seiner Gemeindemitglieder vertraut zu machen.
Groß war der Schreck bei der ersten Predigt in der „neuen" Kirche: In der ersten Reihe saß niemand anderer als sein größter Fan.
Verstört und mit den Nerven am Ende sucht Pfarrer

Sebastian die nächste Polizeidienststelle auf und erstattet Anzeige gegen seine Stalkerin, bemüht, die Situation gütig und milde darzulegen.
Die hartnäckige Verehrerin, die wahrscheinlich einmal zu oft „Dornenvögel" gesehen hatte, wurde wegen schwerer Körperverletzung (aufgrund der psychischen Beeinträchtigung des Opfers) verurteilt.

§

RUNDUMSCHLAG GELUNGEN

Eine Frau erstattete Anzeige gegen einen Mann wegen schwerer Vergewaltigung. Ihre Verletzungen, die sie bei dem Verbrechen davongetragen haben sollte, waren aber nicht so gravierend, als dass sie zum geschilderten Tathergang passen konnten.
Die Mühlen des Gesetzes begannen trotzdem zu mahlen, es wurde unter Hochdruck nach dem brutalen Vergewaltiger gesucht, und schon bald saßen aufgrund der Aussagen des Opfers nacheinander sieben Männer, allesamt aus dem Verwandtenkreis der Frau, in Haft. Doch die Angaben der Vergewaltigten wurden immer wirrer, sie verstrickte sich in Widersprüche und missachtete außerdem die Anweisungen des Zeugenschutzes.
Als alle von ihr Beschuldigten wieder frei waren, erstattete die Frau erneut eine Anzeige nach der anderen, und die Männer wären beinahe wieder inhaftiert worden, als sich

endlich herausstellte, dass das „Opfer" offensichtlich aus irgendeinem Grund einen massiven Männerhass entwickelt hatte. „Für mich war das ein sehr schwieriger Fall, da ich auf der einen Seite der Frau glauben und einen Vergewaltiger hinter Gitter bringen wollte, auf der anderen Seite musste ich rasch feststellen, dass hier etwas nicht stimmte. Im Nachhinein hat sich nicht nur herausgestellt, dass alles von A bis Z gelogen war, sondern dass die Frau sich ihre Verletzungen sogar selbst zugefügt hatte, nur um ihren Aussagen Glaubwürdigkeit zu verleihen. Und dann der Schlag ins Gesicht der Justiz: Als die Frau wegen Verleumdung in Haft genommen wurde, hieß es in den Medien, das arme Opfer müsse hinter Gitter, während ein Vergewaltiger frei draußen herumlaufen dürfe."

§

DER K.O.-SCHLAG

„Drei Kriminalbeamte waren angeklagt wegen Verdacht der Deckung eines Mafiapaten. Die Männer haben mehr gewusst, als wir beweisen konnten, und das war mir, ebenso wie dem Richter und sogar den Verteidigern der Beschuldigten klar. Trotzdem haben wir eine Verurteilung erzielt, und aufgrund der Notwendigkeit eines Amtsverlustes war nur eine Freiheitsstrafe akzeptabel.
Leider gelingen solche K.O.-Schläge gegen die organisierte Kriminalität viel zu selten, denn selbst wenn man weiß, dass

jemand schuldig ist, kann man nichts erreichen, wenn die Beweislage zu dünn ist. Besonders schwierig sind solche Verfahren dann vor einem Schwurgericht, die Fälle sind viel zu komplex für die Geschworenen, die noch dazu leicht beeinflussbar sind. Ich meine damit, dass die schauspielerischen Leistungen mancher Beschuldigten die Laien leicht überzeugen, zumindest aber überfordern. Außerdem wird in solchen Fällen oft auf mildere Delikte ausgewichen, weil man sich die schweren nicht zu be- und verurteilen traut. Da wird schon mal ein Stich in den Hals des Opfers vom angeklagten Mordversuch zur schweren Körperverletzung. Verhandlungen mit Geschworenen sind sowieso Glückssache, manchmal sind die Leute sehr organisiert, oft aber leider auch total uninteressiert und unfähig – und davon hängt dann ein Urteil ab. Es gibt sogar Seminare in welchen gelehrt wird, wie man auftreten soll, um Geschworene am besten zu überzeugen. Fazit: Wer besser schauspielern kann, gewinnt! Doch eine Verhandlung sollte keine Show, kein Spiel sein, sondern der Wahrheitsfindung dienen. Ich bin, wie man spätestens jetzt erkennt, kein Fan von Schwurgerichten."

Nun betritt ein Kollege von Mag. S., nennen wir ihn Dr. N., das Zimmer und lauscht, während er sich einen Akt heraussucht, unserem Gespräch. Spontan bietet er an, uns von einer der skurrilsten Ausreden, die er je von einem Beschuldigten gehört hat, zu erzählen.

§

EIN ONKEL
MIT VERDAUUNGSPROBLEMEN

„Ich hatte einmal mit einem Drogenschmuggler zu tun, der mir eine ganz besondere Begründung dafür lieferte, warum er Drogen in Form von abgepackten Kugerln – das Suchtgift wird auf diese Weise über die Grenze geschmuggelt und dann unversehrt wieder ausgeschieden – geschluckt hatte. Er wusste wohl, dass Verdächtige in diesem Fall ein Abführmittel bekommen, damit man die Beweisstücke sichern kann, und erklärte mir, dass seinen Onkel in Afrika schlimme Verdauungsprobleme quälen würden. Er hatte gehört, dass man in Österreich ein Medikament, das den Stuhlgang beschleunigt, verabreicht bekomme, wenn man diese Kugerln im Magen hat. Deshalb war er quasi gezwungen gewesen, diese gefinkelte Methode anzuwenden, um den Namen des Wundermittels zu erfahren. Auf meine Frage, von wem er die Drogen erhalten habe, antwortete er: ‚Die wachsen in der Mariahilfer Straße auf den Bäumen.' Der Mann versuchte mir dann sogar noch weis zu machen, dass er der Meinung gewesen war, dass es sich bei dem Inhalt der Kugerln um heilende Kräuter handle – das hätte ihm sein Freund versichert. So etwas Absurdes habe ich selten gehört!"

„Eigentlich bewundernswert, wie kreativ die Menschen sind, wenn es darum geht, sich rauszureden", lache ich und stelle mir dabei das Gesicht des StA vor, als er die Ausrede von den Verdauungsproblemen des Onkels hörte. Ich könnte da niemals ernst bleiben, denke ich.
„Ja, mitunter sind die Beschuldigten wirklich gut im Erfinden von Ausreden und Beschönigen von Situationen", bestätigt Dr. N. „Allerdings muss man auch bedenken, dass gerade Leute aus dem Drogenmilieu sehr eingeschult sind und in ihrem Sinn verantwortlich handeln, wenn sie die Hintermänner nicht auffliegen lassen. Davon abgesehen haben sie Angst vor den Problemen, die mit einem Verrat verbunden sind, und nehmen dann eine Verurteilung in Kauf – die meisten rechnen ja sogar damit, einmal erwischt zu werden. Das ist ein ganz rational durchkalkuliertes Geschäft, eine Inhaftierung ist für sie nur eine Betriebsunterbrechung."

Nun ergreift doch wieder Frau Mag. S. das Wort, um das Interview zu Ende zu führen.
„Das möchte ich noch sagen: Staatsanwälte agieren nicht politisch, erhalten auch keine Weisungen ‚von oben', auch wenn das immer wieder behauptet wird. Wir machen auch keine Kniefälle vor bestimmten Parteien oder Personen. Allerdings braucht man bei gewissen Fällen manchmal Fingerspitzengefühl – und das wird uns dann oft falsch ausgelegt. Es kommt vor, dass ein Sachverhalt nicht von Anfang an voll einschätzbar ist, und im Nachhinein ist man dann immer klüger. Vor allem bei Grundrechtseingriffen muss

man stark abwägen, weil sie ganz einfach schwerwiegend sind. Leider ist immer der Druck enorm und gleichzeitig die Grenze schmal, da kann es leicht passieren, dass es zu Schuldzuweisungen kommt, wenn ein Täter nicht rechtzeitig eingesperrt wurde. Aber Fehler sind menschlich und können passieren – auch in der Justiz."

„Sind Sie oder einer Ihrer Kollegen eigentlich schon einmal von einem Verurteilten bedroht worden?", fällt mir als letzte Frage ein.

„Ja, das kommt sogar relativ häufig vor. Doch man weiß eigentlich nie, wie ernst das in einer emotionsgeladenen Situation gemeint ist. Einschüchtern lassen wir uns jedenfalls nicht davon. Ich glaube, man gewöhnt sich einfach daran, wie an vieles andere auch."

Dr. N nickt zustimmend.

Damit ist dieses sehr entspannt verlaufene Gespräch beendet. Steffi und ich verabschieden uns von Mag. S. und Dr. N., und verlassen das LG für Strafsachen in Wien – dieses Mal wohl für längere Zeit, da kein weiteres Interview mehr im *Grauen Haus* geplant ist.

Bild nächste Seite:
Honoré Daumier: Beschwerde

757

Mag. G.
Staatsanwalt
LG Linz

„Als Staatsanwalt bin ich bestrebt, das Vertrauen der Bevölkerung in einen gut funktionierenden Rechtsstaat zu bestärken."

Das folgende Interview findet wieder telefonisch statt. Zuerst einmal schildert mir der 43-jährige StA in groben Zügen seinen Lebenslauf: „Nach der Matura im Jahre 1985 begann ich mit dem Jusstudium in Linz, das ich im Sommer 1990 abschloss. Im August desselben Jahres fing ich beim BG/LG Linz mit dem Gerichtsjahr an, wurde mit Oktober 1991 in den richterlichen Vorbereitungsdienst als Richteramtsanwärter übernommen und im August 1994 zum Richter des LG Linz ernannt. Mein Wechsel zur Staatsanwaltschaft erfolgte im Dezember 1996, seit Jänner 2004 bin ich Erster Staatsanwalt."

Und jetzt erfahre ich, was Mag. G. tagsüber zu tun hat: Bearbeitung einlangender Berichte der Polizei (Erlassung von Anordnungen, Erhebung von Strafanträgen/Anklagen, Verfahrenseinstellung aus rechtlichen oder Beweisgründen, etc.), Besprechungen mit Polizeibeamten zur Koordinierung umfangreicherer Suchtmittelstrafsachen die noch keinem bestimmten Referenten der StA Linz zugewiesen sind, an zumindest zwei Halbtagen pro Woche Sitzungsvertretung in Hauptverhandlungen am LG Linz, Vernehmungstätigkeit und hin und wieder Teilnahme an polizeilichen Ermittlungstätigkeiten, regelmäßige Prüfung der Bezirksanwältinnen sowie -anwälte und quartalsmäßige Prüfung der Kanzleileiterinnen und -leiter, Kontakt mit Medienvertretern (Zeitungen, Radio- und Fernsehsender) zur Beantwortung diverser Anfragen, außerdem regelmäßige Besuche von („zumeist mit meiner eigentlichen beruflichen Tätigkeit unmittelbar zusammenhängenden") Seminaren, teils als Vortragender, teils als Teilnehmer.

Während ich mir unterbeschäftigt vorkomme und mich aus diesem Grund etwas unbehaglich zu fühlen beginne, wechselt Mag. G., vielleicht meine kleine Stimmungsschwankung bemerkend, das Thema und beschreibt mir das LG Linz.

„In dem Bau sind sowohl das LG mit all seinen Abteilungen, die Staatsanwaltschaft Linz mit beinahe sämtlichen Bezirksanwältinnen und -anwälten und das BG Linz mit allen Abteilungen, ausgenommen die Strafrichter und deren Kanzleien, untergebracht. In einem weiteren Komplex ist auch die Justizanstalt Linz situiert, wobei die einzelnen Gebäudeteile – auch darauf zurückzuführen, dass diese zu unterschiedlichen Zeiten erbaut wurden – ein ungleiches Niveau aufweisen, weshalb eine Vielzahl von Stiegenaufgängen notwendig ist. Das Haus spiegelt den typischen Stil eines Amtsgebäudes wieder – lange Gänge, viele Türen, zahlreiche Schilder – und es riecht nach Akten(staub). In meinem etwa 30 Quadratmeter großen Büro befindet sich ein großer Schreibtisch, ein Besprechungstisch mit sechs Sitzplätzen, ein komfortabler Schrankverbau und eine Garderobe, wo mein Talar und eine Notfallkrawatte hängen. An Persönlichem habe ich mehrere gerahmte Karikaturen von Gerhard Haderer, ein großes sowie zwei kleinere Fotos meiner Gattin und zwei Kunstkalender aufgehängt, einen juristischen sowie einen mit Werken von Andy Warhol. Weiters befinden sich hier ein Radio mit CD-Komponente und zwei Grünpflanzen."

Ich fordere eine Selbstbeschreibung und bekomme zur Antwort: „Eher streng, humorvoll, kollegial, verlässlich, tolerant, freundlich, korrekt, ordnungsliebend, pragmatisch, sarkastisch – teilweise wohl berufsbedingt, hin und wieder belehrend, ab und zu ungeduldig und teilweise dominant!"

Das kann ich auch: „Routiniert? Neutral?"

Der StA lacht herzlich ins Telefon, dann beantwortet er

meine Frage: „Mit zunehmender beruflicher Erfahrung gelingt es, den Ausgang von Strafverfahren pragmatisch zu sehen. Während man anfangs einen vom Gericht gefällten Freispruch oftmals als persönliche Niederlage empfindet, relativiert sich das im Lauf der Jahre. Andererseits nimmt in Teilbereichen die eigene Ungeduld zu, und zwar sowohl was unnötige Wartezeiten in Verhandlungen wie Unpünktlichkeit oder unverständlich lange Beratungen betrifft als auch im Umgang mit Parteien oder deren Vertretern bei inhaltsleeren Gesprächen oder Anfragen. Wahrscheinlich hat beides mit Routine zu tun. Zum nächsten Schlagwort kann ich sagen, dass jeder in der Strafjustiz tätige Richter und Staatsanwalt darum bemüht ist, bei der Behandlung von Tätern keinen Unterschied zu machen. Natürlich gelingt das in der Realität nicht immer, da mit Sicherheit persönliche Einstellungen – was das angeklagte Delikt betrifft, in welchem Umfeld der Täter eingebettet ist, Berufsverbrecher, etc. – eine Rolle spielen, aber auch unbewusst das Auftreten der Täter bei Gericht – aggressiv, immer ins Wort fallend, sehr ungepflegt, offensichtlich schauspielernd, oder freundlich, mit klarer Ausdrucksweise, einsichtig, usw. Dies kann durchaus zu von Emotionen der Beteiligten geprägten Verhandlungen führen und sich möglicherweise in unterschiedlichen Sanktionen widerspiegeln.
Es kommt auch schon mal vor, dass man Mitleid mit dem Täter empfindet, etwa bei einer fahrlässigen Tötung, wo das Opfer aus dem unmittelbaren Familienverband des Täters kommt und der Sorgfaltsverstoß des Täters einer ist, der nur durch unglückliche Umstände, die beinahe jedem

passieren können, hervorgerufen wird. Beispielsweise wenn eine Mutter kurz abgelenkt wird, während ihr Kleinkind unbeobachtet ein Fenster öffnet und hinaus fällt.

Ebenso gibt es Fallkonstellationen, wo grundsätzlich eine Nachvollziehbarkeit besteht, was aber nicht dazu führt, dass man Verständnis für die Tat hat – wie permanent unleidliches, boshaftes Verhalten in der Nachbarschaft, Widerpart verliert Nerven und begeht eine Nötigung oder Körperverletzung.

Emotionen spielen bei der täglichen Arbeit sowieso immer wieder eine Rolle, nicht nur die der Betroffenen, sondern auch die eigenen. Mit den Gefühlen Betroffener ist man als Staatsanwalt zumeist erst in der Hauptverhandlung konfrontiert, wo es primär dem die Verhandlung leitenden Richter auferlegt ist, dessen ungeachtet die Verhandlung zielgerichtet zu führen. Auf Aussagebeeinträchtigungen wie heftiges Weinen wird durch einfühlsames Befragen, Gewährung kurzer Pausen zur Erholung usw. reagiert."

„Kann man als Staatsanwalt eigentlich noch ruhig schlafen, wenn man tagtäglich mit Straftaten konfrontiert ist?"

„Die wiederholte berufliche Konfrontation teils mit Schwerkriminalität führt mit Sicherheit dazu, dass man im Privaten zumindest im Empfinden anderer eine merkbare Gefühlskälte an den Tag legt und den Eindruck mangelnder Empathie vermittelt, was in Teilbereichen auch stimmen wird.

Da man beruflich wiederholt die Erfahrung gemacht hat, dass auch solche Personen, denen man eine Straftat nie zugetraut hätte, unter bestimmten Parametern teils massiv

straffällig wurden, führt dies leider auch dazu, dass man auch im Bekannten- und Freundeskreis eigentlich jedem zutraut, dass er Straftaten begehen würde oder begangen haben könnte. Das heißt aber nicht, dass man deshalb jedem gegenüber argwöhnisch ist, sondern nur, dass man nie sagen würde: ‚Für X, den ich bereits lang und sehr gut kenne beziehungsweise zu kennen glaube, lege ich meine Hand ins Feuer.'
Mir gelingt es aber sehr gut, privat abzuschalten. Wenn überhaupt, so verfolgen mich aktuelle Verfahren kurzfristig nur dann, wenn es dabei um komplexere Rechtsprobleme geht, deren Lösung nicht klar auf der Hand liegt."
„Was sehen Sie als Ihre dringlichste Aufgabe in Ihrem Beruf an?"
„Als Staatsanwalt bin ich nicht nur bestrebt, an der Aufklärung von Straftaten mitzuwirken und den/die Täter für ihre Taten zur Verantwortung zu ziehen, sondern das Vertrauen der Bevölkerung in einen gut funktionierenden Rechtsstaat zu bestärken, da es – entgegen der öffentlichen Meinung und oftmals publizierten Artikeln – keine Rolle spielt, aus welchem sozialen Umfeld ein Straftäter stammt, da niemandem eine Sonderbehandlung zuteil wird.
Auch Mag. G. frage ich nach der Bedeutung von Gerechtigkeit und Humor in seinem Beruf. „Die Frage nach hundertprozentiger Gerechtigkeit ist meines Erachtens nur philosophisch zu lösen. Als Staatsanwalt ist man darauf angewiesen, in welchem Ausmaß ein zur Anzeige gebrachter Sachverhalt mit Hilfe der Polizei aufgeklärt werden kann. Es kommt vor, dass die persönliche Überzeugung eine an-

dere ist als das, was an Beweisen ermittelbar war, sodass es zu Verfahrenseinstellungen kommt, auch wenn einem das Bauchgefühl sagt, dass der Angezeigte die ihm angelastete Tat begangen haben wird.
Humor ist ein nicht unwichtiger Bestandteil, da es natürlich Situationen in einem Strafverfahren gibt, wo es nicht nur todernst zugeht und die Verfahrensbeteiligten ihre menschlichen Regungen nicht verdrängen sollten."
Und nun zu den Fällen:

§

DER BEFREIUNGSVERSUCH UND WEISSE ROSEN

Verfahren vor dem Einzelrichter am LG Linz gegen acht Beschuldigte (vier Frauen im Alter von 32, 39, 49 und 73 Jahren, sowie vier Männer im Alter von 41, 42, 57 und 81 Jahren) wegen Befreiung eines wegen Mordes rechtskräftig verurteilten Gefangenen, dem anlässlich einer Ausführung zur Universität die Flucht gelang.
Zwei der angeklagten Frauen, die 32-jährige und die 49-jährige, bekannten sich schuldig, die Eltern des Gefangenen, die 73-Jährige und der 83-Jährige, machten in der Hauptverhandlung keine Aussage. Die 49-Jährige – eine Frau gutbürgerlicher Herkunft – war aufgrund von Erzählungen ihrer Freundin, die in diesem Mordprozess als Geschworene im Gerichtssaal saß, von der Unschuld des

Verurteilten überzeugt und hatte sich moralisch verpflichtet gefühlt, ihm zu helfen. Die 39-Jährige hingegen – sie erweckte in der Hauptverhandlung einen eher biederen Eindruck – war offensichtlich im Zug von Besuchen beim Verurteilten in der Justizanstalt Stein allmählich dazu überredet worden, beim Befreiungsversuch mitzuwirken. Sie hatte das später bei der Flucht verwendete Rennmotorrad gekauft und ein Handy in die Justizanstalt geschmuggelt. Ihr Ehemann, der beschuldigte 42-Jährige, war ihr dabei aus „ehelicher Beistandspflicht" behilflich gewesen. Er und der 57-Jährige kannten den später Befreiten außerdem aus der Motorradszene und übernahmen die Aufgabe der Betreuung und Reparatur des Fluchtmotorrades. Die geständige 32-Jährige, die anlässlich einer eigenen Haftverbüßung brieflich mit dem Verurteilten Kontakt aufgenommen und in der Folge auch in Stein besucht hatte – sie erweckte den Eindruck einer nicht gefestigten, leicht zu manipulierenden Person – konnte vom Verurteilten überredet werden, ihm zu helfen. Sie setzte sich daraufhin mit der 39-jährigen Frau und den Eltern des Verurteilten in Verbindung und übernahm den für sie vorgesehenen Part an der Vorbereitung der Flucht.

„Die sich über mehrere Tage ziehende Hauptverhandlung, in deren Verlauf auch zahlreiche Zeugen vernommen wurden, war – teils auch von Seiten der Verteidiger hervorgerufen – wiederholt sehr emotional geführt. Letztlich kam es im Anschluss an die teils sehr persönlich gehaltenen Schlussvorträge, die sich über mehrere Stunden zogen – allein der Verteidiger der Eltern, ein Universitätsprofessor für Strafrecht, plädierte, wohl eingedenk einer Vorlesungsstunde, 90 Minuten lang – zu einem Schuldspruch für sämtliche Angeklagte. Die mit der 49-jährigen Fluchthelferin befreundete Geschworene verteilte danach im Gerichtssaal als Zeichen der moralischen Unschuld aller Beteiligten weiße Rosen und wollte auch mir als Staatsanwalt eine Blume überreichen, was ich entschieden ablehnte. Im Rechtsmittelverfahren – die sechs nicht geständig gewesenen Beschuldigten hatten gegen das Urteil berufen – wurde das Ersturteil bestätigt."

§

KEINE CHANCE AUF BESCHÖNIGUNG

Verfahren gegen einen 32-jährigen Beschuldigten wegen Vergewaltigung, geschlechtlicher Nötigung, Nötigung und Körperverletzung vor dem Geschworenengericht am LG Linz.

Dieses Verfahren zeigte, was übermäßiger Alkoholkonsum bei einer bestehenden Persönlichkeitsstörung, die aber noch nicht die Kriterien einer höhergradigen geistig-seelischen Abartigkeit im Sinn des § 11 StGB erfüllt, anrichten kann. Der in der Hauptverhandlung eher weinerlich und von Selbstmitleid geprägte Angeklagte hatte, aufgestachelt durch einen Pornofilm, in erheblich alkoholisiertem Zustand von etwa zwei Promille seine im siebten Monat schwangere Lebensgefährtin gewaltsam zu sexuellen Handlungen gezwungen, und einige davon mittels Digitalkamera gefilmt. Dieses Beweismittel wurde in der Hauptverhandlung vorgeführt, wobei zu sehen war, wie brutal der Mann gegen seine Lebensgefährtin vorging, sie beispielsweise im Zug des an ihm praktizierten Oralverkehrs zum Erbrechen brachte und sie danach mit Schlägen zum Aufwischen des Erbrochenen nötigte.

Die teils versucht beschönigende Schilderung des Angeklagten, wurde durch die Vorführung der gefilmten Sexszenen widerlegt.

„Der Ekel wie auch das Unverständnis war den Laienrichtern deutlich ins Gesicht geschrieben, als diese die Filmsequenzen ansehen mussten. Der Angeklagte wurde zu einer empfindlichen mehrjährigen Freiheitsstrafe verurteilt.

Ich gebe zu, dass es auch für mich als Anklagevertreter eine gewisse Genugtuung darstellte, dass der Angeklagte nicht die Möglichkeit hatte, sich durch seinen erbärmlich wirkenden, um Mitleid heischenden Auftritt in der Hauptverhandlung einer gerechten Strafe zu entziehen."

§

DER EIFERSÜCHTIGE ARMENIER

Verfahren vor dem Geschworenengericht auf Unterbringung in einer Anstalt für geistig abnorme Rechtsbrecher gegen einen 37-jährigen Armenier, der seine Gattin durch einige Schläge mit einer mehreren Kilogramm schweren Hantel gegen deren Kopf vorsätzlich tötete: Der offensichtlich massiv gestörte Betroffene war in der Hauptverhandlung nur sehr eingeschränkt in der Lage, zusammenhängende und nachvollziehbare Antworten auf die an ihn gestellten Fragen zu geben. Wie schon im Ermittlungsverfahren erhoben, bestätigten die einvernommenen Zeugen, dass der Betroffene unbegründet paranoid eifersüchtig auf seine Gattin war. Am Tattag hatte diese deshalb bei der Leitstelle des Roten Kreuzes um Hilfe ersucht, worauf einige Zeit später ein Facharzt für Neurologie und Psychiatrie gemeinsam mit einem Sozialarbeiter in der Wohnung des Ehepaars eintraf. Der Mann gab an, dass ihn seine Gattin seit Jahren betrüge, wobei er sich im Gespräch ruhig und zurückhaltend verhielt. Dem Arzt fiel auf, dass der Betroffene sehr darauf fixiert war, von seiner Gattin hintergangen zu werden, woraufhin er ihn fragte, was er zu unternehmen gedenke. Der Mann gab darauf zur Antwort, dass er sich scheiden lassen und zu seinen Eltern nach Armenien fahren wollte. Auf die Erklärung des Arztes, dass es Krankheiten gebe, bei denen man eine übersteigerte Eifersucht empfindet, verneinte der Betroffene krank zu sein, und ersuchte um ein Beruhigungsmittel. Während des Gesprächs beteuerte seine Gattin immer wieder, ihren Ehemann nicht betrogen zu haben, wobei sie Fragen nach aggressiven Handlungen, die es sehr wohl schon gegeben hatte, nicht beantwortete. Als der Arzt dem Mann einen Krankenhausaufenthalt vorschlug, lehnte dieser ab, woraufhin eine fachärztliche Betreuung in Betracht gezogen wurde. Dann händigte der Arzt dem Armenier wunschgemäß acht Beruhigungstabletten aus und erklärte ihm genau, wie diese Tabletten einzunehmen waren. Da während der etwa zwei Stunden dauernden Unterredung kein lautes Wort fiel, lag für den Arzt, der bei dem Mann eine Eifersuchtsparanoia diagnostizierte, weder eine erkennbare akute Selbst- noch Fremdgefährdung vor, woraufhin der Arzt gemeinsam mit dem Sozialarbeiter die Wohnung des Betroffenen verließ. Etwa zwei Stunden später ergriff der Mann in einem neuerlichen Eifersuchtswahn eine Hantel, ging zur Couch, auf der seine Gattin lag und versetzte ihr mehrere wuchtige Schläge gegen den Kopf. Die 11-jährige Tochter der beiden ging, durch die Geräusche aufmerksam geworden, ins Zimmer und musste mit ansehen, wie ihr Vater ihrer Mutter zwei weitere Schläge gegen den Kopf versetzte. Versuche der Tochter, ihrer Mutter noch Erste Hilfe zu leisten, blieben erfolglos.

„Der psychiatrische Sachverständige erklärte in der Hauptverhandlung ausführlich und leicht verständlich, dass der Betroffene zum Tatzeitpunkt zurechnungsunfähig, aber aufgrund seiner Erkrankung, paranoide Schizophrenie, gefährlich war, weshalb die Voraussetzungen für eine Einweisung in eine Anstalt für geistig abnorme Rechtsbrecher vorlagen. Und doch kamen drei der acht Geschworenen zu dem nicht nachvollziehbaren Ergebnis, dass der Betroffene zum Tatzeitpunkt zurechnungsfähig gewesen wäre – Gott sei Dank war nicht die Mehrheit der Geschworenen dieser Meinung, denn das hätte für den Betroffenen bedeutet, dass er wegen Mordes zu einer langjährigen Freiheitsstrafe, verbunden mit einer Einweisung in eine Anstalt für zurechnungsfähige geistig abnorme Rechtsbrecher, zu verurteilen gewesen wäre. Diese Laienrichter wollten offensichtlich aufgrund der Brutalität der Tat, dass der Betroffene für viele Jahre eingesperrt wird. Da aber letztlich die Mehrheit der Laienrichter im Sinn der Ausführungen des psychiatrischen Sachverständigen die an sie gerichteten Fragen richtig beantworteten, erfolgte eine Einweisung des Betroffenen in eine Anstalt für geistig abnorme Rechtsbrecher, aus der der Mann inzwischen – etwa zwei Jahre nach dem Urteil – bedingt entlassen wurde.

Dieses Verfahren zeigt, dass es – nicht unberechtigt – immer wieder Zweifel an der geltenden Form des Geschworenenverfahrens gibt."

§

NIE UM EINE AUSREDE VERLEGEN

Ein Beschuldigter, dessen Harnuntersuchung zum Ergebnis hatte, dass er Cannabisprodukte konsumiert haben musste, leugnete jeglichen Suchtmittelmissbrauch. Er gab an, sich das nur damit erklären zu können, dass er regelmäßig ein Lokal aufsuchte, in dem Cannabis in Form von Joints durch zahlreiche andere Personen konsumiert wurde, weshalb er bedingt durch das Passivrauchen einen positiv auf THC (Tetrahydrocannabinol, Hauptwirkstoff der Hanfpflanze) getesteten Harn hatte.

Eine 29-Jährige, die ein abgesperrtes Fahrrad durch Aufbrechen der Sperrkette gestohlen hatte, bestritt die Tat mit der Begründung, dass das Fahrrad schon so alt und teilweise beschädigt gewesen war, dass der Eigentümer es gar nicht mehr haben wollte, und sie daher zu Recht von einem herrenlosen Fahrrad ausgehen konnte.

Ein Mann, der bei mehreren Geldwechselbetrügereien in unterschiedlichen Bankinstituten von den Überwachungskameras aufgenommen und auch im Anschluss an seine Festnahme durch die Polizei fotografiert worden war, wobei er dabei noch immer die gleiche Bekleidung wie bei den von ihm gesetzten Straftaten trug, leugnete, dass er diese dabei ersichtliche Person sei. Er behauptete, dass es sich dabei um einen ihm unbekannten Doppelgänger handelte, der zufällig die gleiche Oberbekleidung, die Dutzendware wäre, trug.

Ein massiv – darunter wegen Körperverletzung mit tödlichem Ausgang – vorbestrafter Beschuldigter, der im Anschluss an ein Schäferstündchen seine Zufallsbekanntschaft erwürgte, rechtfertigte seine Tat damit, dass die Frau ihm im Anschluss an den Geschlechtsverkehr mitgeteilt hatte, dass sie möglicherweise HIV-positiv wäre (was tatsächlich nicht der Fall war). Er verlangte, dass man seine Tat daher nur als Totschlag werten dürfte.

Ein 28-Jähriger, der in großem Stil in einer sündteuren, professionellen Indoor-Anlage Cannabispflanzen züchtete und dadurch Marihuana sehr guter Qualität im zweistelligen Kilobereich erntete, begründete seine Tat damit, dass er zur eigenen Beruhigung hin und wieder Cannabis konsumierte. Er wäre allerdings zu feige, sich das benötigte Suchtgift von anderen zu erwerben, verfügte außerdem nicht über die nötigen Barmittel zum Suchtgiftankauf, weshalb er auf „Eigenversorgung“ gesetzt hätte und nur eine „entsprechende Menge“ als Vorrat haben wollte.

Quellen

www.justiz.gv.at · Die österreichische Justiz
www.bmj.gv.at · Österreichisches Bundesministeriums für Justiz
www.gericht.at · Recht und Gericht in Österreich
www.richtervereinigung.at · Vereinigung der österreichischen Richterinnen und Richter
www.staatsanwaelte.at · Vereinigung österreichischer Staatsanwältinnen und Staatsanwälte
www.jusline.at · u.a. Verzeichnis der österreichischen Gesetze
www.aeiou.at · Kulturinformationssystem
www.wikipedia.at · freie Online-Enzyklopädie